青 春 力 量 丛 书
编 委 会

青春力量丛书

闪光的青春

记服务青少年的青年志愿者

丛书主编 杨 成 涂敏霞

主 编 胡 国

副 主 编 谢碧霞 冯英子

广东高等教育出版社
Guangdong Higher Education Press
·广州·

图书在版编目（CIP）数据

闪光的青春：记服务青少年的青年志愿者/胡国主编.—广州：广东高等教育出版社，2024.5

（青春力量丛书/杨成，涂敏霞主编）

ISBN 978 - 7 - 5361 - 7442 - 9

Ⅰ.①闪…　Ⅱ.①胡…　Ⅲ.①青少年 - 志愿者 - 社会服务 - 概况 - 中国　Ⅳ.①D669.3

中国国家版本馆 CIP 数据核字（2023）第 017919 号

闪光的青春——记服务青少年的青年志愿者

SHANGUANG DE QINGCHUN——JI FUWU QINGSHAONIAN DE QINGNIAN ZHIYUANZHE

出版发行	广东高等教育出版社	
	地址：广州市天河区林和西横路	
	邮政编码：510500　电话：（020）87553335	
	http://www.gdgjs.com.cn	
印　刷	广东信源文化科技有限公司	
开　本	787 毫米 ×1 092 毫米　1/16	
印　张	13	
字　数	200 千	
版　次	2024 年 5 月第 1 版	
印　次	2024 年 5 月第 1 次印刷	
定　价	35.00 元	

总　序

　　青年是整个社会力量中最积极、最有生气的力量，国家的希望在青年，民族的未来在青年。建功新时代，青春力量从不缺席。广大青年把志愿服务作为成长发展的重要课堂，在服务青少年、服务社区的生动实践中打磨，在乡村振兴的艰苦环境中淬炼，在应急救援的急难险重任务中挺起青春脊梁。习近平总书记曾多次给青年志愿者写信，勉励他们"积极参加志愿服务，主动承担社会责任"，在志愿服务"青春盛会中展现自己的风采"，"让青春之花绽放在祖国最需要的地方，在实现中国梦的伟大实践中书写别样精彩的人生"。

　　广东是开创志愿服务领域多项全国第一的志愿服务大省，首开全国第一条志愿服务热线"中学生心声热线"、首提系统建设"志愿者之城"……作为全国开展志愿服务重要阵地的广东，青年志愿服务起步早、发展快、质量高，无论在繁华城市，还是在美丽乡村，广东青年志愿者的身影无处不在，他们用青春热血践行"奉献、友爱、互助、进步"的志愿精神。

　　青年处处皆奋斗，青春处处皆榜样。青年志愿者是城市跳动的脉搏，是乡村亮丽的风景。有一种青春叫作闪亮，他们是服务青少年的青年志愿者；有一种青春叫作奋斗，他们是开展乡村振兴的青年志愿者；有一种青春叫作暖心，他们是服务社区的青年志愿者；有一种青春叫作守护，他们是开展应急救援服务的青年志愿者。众多的青年志愿者，他们想人民之所想、解人民之所急、行人民之所嘱，为社会发展凝聚起崇德向善的强大力量。

　　让榜样力量触达青春心灵，是我们用心用情编写"青春力量"丛书，讲好青年志愿者故事的努力和探索。丛书共有4册，分为《闪光的青春——记服务青少年的青年志愿者》《为了美丽乡村——记乡村振兴青年志愿者》《微志愿大社区——记服务社区的青年志愿者》《守护的青春——记应急救援青年志愿者》。丛书共收录 56 位在服务青少年、乡村振兴、服务社区和应急救援等青年志愿服务领域极具代表性的广东青年志愿者的故事，有扎根祖国边疆助力乡村振兴的"柯兰"（在柯尔克孜语中是"勇敢"的意思，常用来形容"大漠英雄"）姑娘、有坚守雪域高原行医的"仁心医者"，有 20 多年如一日专注社区志愿服务的"怒放红棉"，有救援足迹遍布全国的"菠萝队长"……他们衣食无忧而不忘奉献、岁月静好而不丢奋斗，让青春在志愿服务中出彩闪光，彰显新时代的青春力量。

本书由全国首家政府主导建立的专门从事志愿者培训和理论研究的公益机构——广州志愿者学院联合广东高等教育出版社组建编写团队，在共青团广州市委员会的指导下，在广东省志愿者联合会、广东省志愿者行动指导中心（广东省希望工程服务中心）、广州市文明办、广州市志愿者行动指导中心、广州市志愿服务发展中心等单位支持下，用了一年多的时间开展故事采写。我们希望能以青年的视角、温暖的文字，多角度、真实地呈现他们在各领域从事志愿服务生动、鲜活、感人的青春故事，彰显新时代志愿服务的青春风采，镌刻新时代志愿服务的志愿精神。

青年，不只是人生一个阶段，更是一种精神面貌，蕴藏着无限的发展可能；青春力量，不只是时光的符号，更是每位年轻人蕴含的各式各样的蓬勃力量；志愿服务，不只是一种生活方式，更是一种人生态度，蕴涵着崇高的志愿精神！与青年志愿者同行，让志愿服务成为一种生活方式，共同为全面建设社会主义现代化国家、全面推进中华民族伟大复兴凝聚强大力量！

2023 年 10 月

前　　言

　　在我们身边总有那么一群青年，他们来自不同的地方，有着不同的人生经历，但却有一个共同的名字——青年志愿者，凝聚着一种共同的精神——志愿精神：奉献、友爱、互助、进步。

　　《闪光的青春——记服务青少年的青年志愿者》是"青春力量丛书"之一。本书以广东青年志愿者为第一视角，通过访谈来自不同行业、不同单位的青年志愿者，近距离了解青年志愿者的日常，感受他们是如何接触志愿服务、认识志愿服务并投身志愿服务的。"点燃一盏灯，照亮一大片"。他们奉献小我，谱写出人间大爱；将凡人善举，凝聚成文明力量。这同时反映了我们始终把志愿服务作为实践育人的重要载体，将思想引领贯穿志愿服务全过程各环节，通过志愿服务净化人、锻炼人、培养人，着力塑造青年一代的政治信仰、思想观念、价值理念。

　　本书访谈了15名不同年龄、不同职业的广东青年志愿者，他们的足迹遍布祖国西部、贫困乡村、基层社区等。在平均海拔4000米以上的雪域高原，青年志愿者不畏寒苦，助力脱贫攻坚。在偏远贫困的山村里，青年志愿者以志愿服务点亮孩子们的心灯，与孩子们共谱"山海情"。在社区基层一线，青年志愿者将社区作为青年志愿服务的主场景，用心做好小而实、小而专、小而美的志愿服务。还有的志愿服务者不局限于线下，即使与服务对象未曾谋面，但却用着自己的方式给他们送去了温暖，看似简单的一通电话抑或是一封信，却滋养了服务对象的心灵……15位青年志愿者，不一样的是志愿服务的方式，一样的是热衷于志愿服务的心。无论是"80 后"、"90 后"还是"00 后"，他们用汗水诠释奉献，用爱心汇聚希望，值得我们礼赞学习。

当代中国青年是开展志愿服务、建设社会主义精神文明、推进中国式现代化的重要力量。习近平总书记曾经给青年志愿者写信，勉励他们"积极参加志愿服务，主动承担社会责任"，在志愿服务的"青春盛会中展现自己的风采"，"让青春之花绽放在祖国最需要的地方，在实现中国梦的伟大实践中书写别样精彩的人生"。习近平总书记和党中央对广大青年在推进中国式现代化、实现中华民族伟大复兴的伟大事业中所具有的作用寄予厚望。

而志愿服务是青年成长成才的加速器。马克思、恩格斯指出："人以一种全面的方式，也就是说，作为一个完整的人，占有自己的全面的本质。"志愿服务是实现青年全面发展、促进青年成长为完整的人的社会化大课堂。在志愿服务这一社会性服务学习过程中，青年通过与社会的良性互动来实现自我发展和社会发展，实现个人价值与社会价值的统一，从而"占有自己的全面的本质"。青年在志愿服务过程中，在满足社会和他人的合理需求的同时，个人也获得他人和社会对其服务的认可和尊重，找寻到自己所提供服务的意义所在，实现自身素质的提升和全面发展。

哪里有需要，哪里就有青年志愿者。本书用生动的笔触书写广东青年志愿者在志愿服务中所展现的青春风采，用朴实的文字镌刻青年志愿者在志愿服务中所体现的志愿精神。他们就像温暖的阳光照进了社会的每一个角落，在不同的历史时期，承担了不同的历史使命。从 2003 年抗击"非典"，到 2010 年广州亚运会，再到 2020 年抗击新冠病毒，都有他们坚实的身影。无数个青年志愿者的行动，不仅是志愿精神的生动实践，也让中华民族守望相助、奉献利他、同舟共济的价值理念进一步彰显、弘扬。

在广东，学雷锋、做志愿者，不但是一种传统，更是一种时尚，一种生活方式。广大青年志愿者充分发挥自身的优势，热情高、闯劲大、朝气蓬勃、好学上进，始终保持向善向上的初心，始终保持火一样的志愿服务激情，全情投入、倾情奉献，用汗水和微笑展示出昂扬向上、奋发有为的精神风貌，展现了新时代中国青年的良好形象。

党的十八大以来，千千万万的青年志愿者在党的指引下，在团的组织下，走进社区、走进乡村、走进基层，在服务人民的过程中经受磨砺、成长成才，绘就了青春志愿行、永远跟党走的壮丽画卷。迈上新征程，广大青年志愿者必将怀抱梦想、脚踏实地，敢想敢为、善作善成，在以中国式现代化全面推进中华民族伟大复兴的历史伟业中奋力续写青年志愿者事业的精彩华章。

编者
2023 年 10 月

目　　录

奔赴基层，见证新疆奇迹
——在新疆服务基层人民的青年志愿者牟桃①的故事

有这样一个群体，他们在最美年华奔赴基层，以赤诚之心系乡亲，不知疲乏扎根基层，用实干和奋斗擦亮"青春底色"，他们就是大学生西部计划志愿者。牟桃，正是其中一名投身新疆的大学生西部计划志愿者。

越是艰苦处，越是见精神。要"不怕苦、能吃苦"，在新疆几年的磨砺中，牟桃寻找到自己的人生方向——扎根基层，奉献青春。

心系民族，家国情怀

牟桃来自四川，出于对中华民族文化的兴趣，他高考填报志愿时义无反顾地选择了中央民族大学民族学专业，从此对广阔的边疆民族地区产生了更为浓厚的兴趣。优异的成绩也使牟桃成为学校第一批"民族英才"培养学员。

后来，牟桃以综合成绩第一的身份保送至中山大学人类学系，继续从事民族研究。研究新疆的想法是在中山大学读研的时候确立的。当时导师说新疆是出大师的地方，但是挑战性很大。有时候牟桃也会动摇，心想干什么不好呢？但是牟桃心里不断有一个声音告诉他，要坚持下去，

---

① 牟桃，2016—2019年度大学生志愿服务西部计划新疆专项志愿者，服务于新疆和田地区，为新疆社会稳定和长治久安贡献青春力量，曾获"第十一届中国青年志愿者优秀个人奖"。

这是你的使命。也许是母校创办者孙中山先生说的，要立志做大事，不要立志做大官，牟桃下定决心迎难而上。

2015年7月、9月、12月，牟桃三次分别前往乌鲁木齐、喀什、哈密，在维吾尔族农民家里生活三个月，以实地调查资料的方式完成硕士论文。牟桃认为，把稀缺的、真实的新疆的地方性知识呈现出来，就是一种创新，就是在一定程度上填补学术空白。

中山大学2015年年度人物评选给牟桃的颁奖辞是这样的：纵然是一路风雨，你也披着一身阳光走来，这让你更懂得回报世界的甘与喜。你以农村和民族研究为志向与事业，新疆农村田野生活调研的艰辛，从未曾让你却步。行行重行行，你久经磨炼终成英才。

知重负重，志愿西部

牟桃绝不愿做只在书本和纸上高智商、在实践和行动上低情商的大学生，曾实地调查过北京牛街回族、广西金秀瑶族、云南石林彝族撒尼人、贵州六枝苗族布依族、广东连南瑶族、广州天河城市维吾尔族聚居区。尽管如此，牟桃认为了解新疆、研究新疆、选择到新疆工作的大学生相对较少，所以他参加了西部计划，选择了新疆。

在团校培训期间，牟桃被选为新疆队临时党支部书记，协助项目办做好新疆志愿者到达乌鲁木齐前的服务保障工作。读研期间全身心投入学术科研的牟桃很久没有参与事务性工作了，何况这次要对一个团队负责。牟桃小心谨慎，如履薄冰，生怕出什么岔子，以时时放心不下的责任感凝聚各位志愿者按规定参与培训、服从管理，克服生活和心理上的不适，大家一起迎接新挑战，整个团队顺利到达新疆农业大学报到。

一到新疆农业大学办理报到手续，接待的志愿者看到牟桃的学位证书就惊呆了，好奇还有名校硕士参加西部计划，随即开通了"绿色通道"，后来牟桃才得知分到自治区区直部门的志愿者不用和去地州市的志愿者一起培训。

　　说好的服务基层呢？作为"亚心之都"的乌鲁木齐可是西部大城市，和牟桃想的"到基层去、到祖国最需要的地方去"完全不一样。在接下来几天培训时间里，牟桃找相关工作人员表明想法和决心，坚持一定要到南疆去，到艰苦的地方去，到别人不愿意去的地方。然而，最后南疆各地州的名额已经满了，只有塔克拉玛干沙漠边缘的和田可以选择，牟桃毫不犹豫地选择了和田。

　　牟桃相信，越是到最基层，感受到的新疆才越真实、越动人。牟桃原打算服务一年，可充满生机与希望的和田改变了他的想法，他决定服务三年，更好地发挥自己的价值，为基层做更多的事情，见证一段不同寻常的历史。在和田地委统战部，牟桃发挥研究民族宗教的专长，致力于民族团结和宗教和谐，这是新疆最大的群众工作，他切身感受到绝大多数群众是拥护、热爱党和政府的，他的内心感到特别安全、温暖、踏实，对新疆的局势充满信心。

入户走访，在无花果树前留影

　　如果说"干部作风不实是新疆最大的敌人"，那么干部的优良作风是新疆稳定发展的最大优势。在皮山县委组织部，牟桃在干部考察、管理、培训过程中，见证了一大批忠诚担当、不怕牺牲、甘于奉献的优秀干部，他对新疆发展更有信心了。在皮山县团委，牟桃见证在青少年工作的高位推进下，宗教极端势力、民族分裂势力、暴力恐怖势力这"三股势力"与我们争夺青少年、争夺未来的图谋是绝不可能实现的。"一唱雄鸡天下白，万方乐奏有于阗。"现在，新疆已经有6年多未发生暴恐事件。

做小事，用真情赢得真正尊重

和田位于塔克拉玛干沙漠南部边缘，离乌鲁木齐远，自然环境条件也较恶劣，一年有200多天的风沙浮尘天气。自然条件虽然艰苦，但和田的维吾尔族干部群众十分纯朴、善良、友好，这让牟桃有了家乡的感觉，很温暖。和田是国家反渗透反分裂的前沿地带，国家精准扶贫、脱贫攻坚的重要着力点，又是一个研究民族宗教的宝库，牟桃"以中有足乐者，不知口体之奉不若人也"，精神上很满足。

牟桃主要负责统战部的文件起草工作。上班第一天，办公室主任就给牟桃几份文件，让他熟悉一下单位的工作。牟桃觉得这些文件对熟悉单位工作帮助很大，从单位的工作总结就知道日常工作有哪几块，但要了解这些文字背后的东西，还要靠一定的工作经验才能参透。当然，牟桃也做会务组织、端茶倒水、打扫卫生的工作，也会主动帮助别人修电脑、安装杀毒软件、收发电子邮件等，协助少数民族干部写个人总结材料，还帮服务单位同事搬过家。

因为牟桃研究的是新疆民族宗教，所以在和田地委统战部的工作比较上手，与单位同事沟通也比较顺畅。很快，牟桃就被和田地区伊斯兰教协会的阿秘书长看中了。他协调牟桃去伊斯兰教协会开展工作，陪他下基层调研，撰写调研报告。后来阿秘书长说："我一开始以为你啥都不会干呢，原来你脑袋里还有真东西。"然后很自豪地说他也是大学生，虽然是在职的。牟桃认为，维吾尔族并不是像一些人说的不重视教育，不让小孩上学。牟桃还得到一个启发，那就是要真正赢得当地人的尊重，是真正的而不是礼节性的，不是因为你不远万里来到新疆人家就自然会尊重你，而是因为你为他们做了实实在在的事情后他们发自内心地对你的认可和尊重。

牟桃到了皮山县之后，在和当地人的交流中，他们总有一种误解，揣测牟桃是因为在地区上干得不好，或是捅娄子后才到皮山的。还有人问："你们来新疆是不是你们学校强制你们来的，不来就不给毕业？"有些地方、有些人对西部计划志愿者不了解，所以牟桃更要小心翼翼地维护西部计划志愿者的形象，改变一些人的偏见。

牟桃任劳任怨，在长达三年的志愿服务中，除了春节回家，他没请过一天假出去转一转，更别说到新疆的知名旅游景区了。牟桃觉得，只要待在和田，比旅游还要值，每天都在感受和田的风情。2019 年春节，还有半年就要结束服务期，牟桃选择了留疆过节，在春节期间维护和田社会稳定，进一步切身体会南疆基层干部的艰辛。

建章立制，造福更多人

在服务新疆的过程中，牟桃把西部计划项目放在当前我国志愿服务发展大格局中去定位，放在国家"一带一路"倡议中去定位，坚持做专业的服务，做智慧志愿者，引领志愿服务新风。牟桃认为，西部计划引领的是专业化的志愿服务方向，只有让大学生的专业技能充分发挥，才能提供更高质量的志愿服务。不同于支教等常规志愿活动，服务于党政机关的志愿者应该从具体的、烦琐的小事中挤出时间来，做 些利大众、利长远的事情。

在平时，牟桃不满足于在具体工作中解答一些新疆民族、宗教、历史方面的疑难问题，他发现厘清宗教工作中使用混乱的名词术语也很重要。最忙的时候，晚上开会讨论到两三点，白天再根据会议意见修改，如此反复好几个星期。最好的服务也是最好的管理，这一次修改完善，解决了干部群众面临的新问题，实现效益最大化。牟桃还参与制定《和田地区全民学习国家通用语言文字工程实施方案》等多个地方性中长期规划方案。

　　牟桃在调查研究中创新工作，提高服务决策能力。他走遍皮山县15个乡镇150多个村及大多数县直单位和各行业系统，在调查研究中找准问题，寻求突破和创新之处，提升困难群众学习国家通用语言文字的积极性和实效性，推广普通话脱贫取得明显成效，外出务工、脱贫增收的群众越来越多。他通过调研督办，协调驻村工作队、教育局、卫计委、住建局、交通局等力量进一步落实国家通用语言文字工作，为各行业群体排忧解难，推动国家通用语言文字普及。

　　此外，牟桃包联木吉镇、藏桂乡包户调研指导，在两天时间内抓紧逐村指出问题，一个村不落，并于第三天回头看，推动各村按质按量完成任务。负责克里阳乡、克里阳中学、塔吉克乡团员信息采集，以党建促团建，用三天时间推动完成了过去四个月都没有进展的工作。这些经历提高了牟桃调查研究和处理复杂问题的能力。

　　在援疆的三年里，牟桃想把论文写在和田大地上，在基层攻读一个"博士"来，发挥

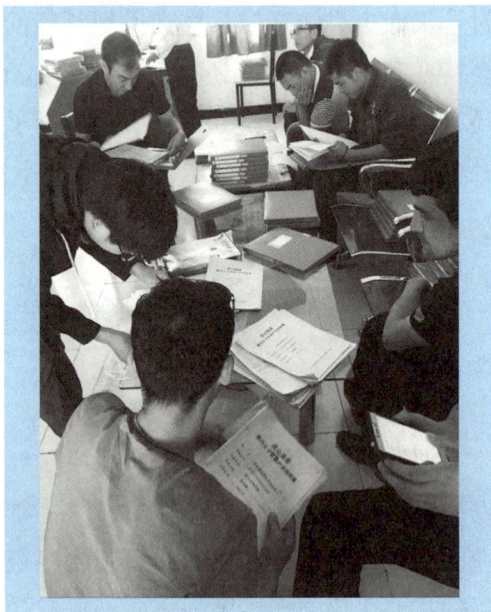

整理扶贫档案

一名党员志愿者的先锋模范作用，为国家长治久安多做贡献，安放好自己的幸福和梦想。

开展多元化的志愿服务

　　因为新疆的特殊性，有人自嘲说待在新疆什么都不干就是在做贡献；但另一方面由于新疆工作比较敏感，志愿者"白加黑""五加二"做了

大量工作但不容易为外界所知。所以我们看到很多对援疆志愿者的宣传，好像到新疆就很了不起，具体做了什么却好像看不到。

牟桃认为，外界不会因为新疆情况特殊，就会对援疆志愿者降低标准，必须迎难而上，创造条件，突出特色，用实实在在的成绩让情怀落地。所以，牟桃在加班加点做好服务单位工作的同时，尽己所能多做贡献，开展其他志愿服务项目。

牟桃组织西部计划志愿者开展"共青团爱心生日会"，每月坚持在皮山县儿童福利院和安庆幼儿园陪孩子们过集体生日，为 500 多名留守儿童送去党和政府的关爱；2019 年春节，围绕自治区脱贫攻坚"冬季攻势"行动，牟桃放弃了与家人团聚的机会，在乔达乡兰干村组织开展青年志愿者投身美丽庭院建设试点工作，使 50 户贫困户家庭卫生环境得到改观；积极组织返乡大学生参加"红领巾小课堂活动"，最终有 15 名返乡大学生在皮山县 15 个村开展支教活动，受益学生达 623 名。这些项目，获得了自治区妇联、团委联合调研组的好评，建议"及时总结试点经验，逐步扩大工作覆盖面"。

开展"共青团爱心生日会"

在皮山县乔达乡兰干村开展美丽庭院青年志愿者工作

在中山大学读研期间，牟桃通过实地调查的第一手资料完成了关于新疆农村宗教的研究。立志参加大学生志愿服务西部计划以来，牟桃结合自己所学的民族学、人类学、社会学的专业优势，做一些关于西部计划志愿服务的研究。

在需求分析方面，牟桃认为，志愿者在服务他人的同时，也是需要被关爱、被服务的。维护民族团结是当前新疆战略性、基础性、长远性的重大任务。构建各民族相互嵌入的社会结构和社区环境是国家的战略部署。首先，南疆地区少数民族占绝大多数，普遍信仰伊斯兰教和使用维吾尔语，西部计划志愿者如何融入服务，更好地开展志愿工作，是一个不能忽视的问题。其次，目前西部计划志愿者服务于政府机关，生活在服务单位或团委安排的周转房内，如果每天两点一线的话，相对来说是"脱嵌"的，极需融入服务地。最后，构建各民族互相嵌入的社会结构和社区环境需要全社会共同参与，而不仅仅是政府自上而下的制度安排，这需要社会力量的参与。招募当地维吾尔族志愿者本身就是"互嵌"、交往交流交融的过程。

事实上，南疆五地州每年的西部计划志愿者1000人左右，并且逐年递增，他们多数来自内地高校，对新疆民族宗教感到陌生，缺少民族宗教政策相关知识，并且语言不通，每天的生活局限在"单位—宿舍"两点之间，有的上班距离远，出行有诸多不便。加上不会维吾尔语，又考虑到安全因素，他们的生活多是志愿者之间抱团行动，有的志愿者在服务地可能遇到派出省就他一个人的情况，生活比较单调乏味，甚至有个别志愿者出现心理问题而被父母接回。因此，给志愿者提供生活上的帮助，让他们感受到被接纳，让他们融入当地社会，对志愿者也是一种培养，也增加了人才留疆的可能。

牟桃把项目定位为关爱行动，因为他意识到：志愿者在服务他人的同时，也是需要被关爱、被服务的。项目的服务对象为大学生西部计划服务南疆志愿者，招募的志愿者却是当地维吾尔族。作为民族地区、边疆地区的志愿服务项目，尤其是作为"全国一盘棋"的"棋眼"南疆地区的志愿服务项目，有一定的代表性和前瞻性，对当前构建嵌入式社会结构和社会环境研究也有推进作用。西部计划志愿者在服务当地、"嵌入"当地的过程中，也接受到当地维吾尔族志愿者的服务，这就推动了"各民族相互嵌入的社会结构和社区环境"建设，有利于各民族之间交往、交流、交融。

所以，牟桃先行先试，大胆创新，发挥志愿者作用，凝聚社会力量，配合国家构建各民族相互嵌入的社会结构和社区环境的大政方针，深入推进民族互嵌式社会建设，通过西部计划志愿者与当地招募的维吾尔族志愿者"互嵌"的方式帮助西部计划志愿者更好地融入当地社会。在探索阶段，辅以双语学习、民族宗教知识学习、志愿服务能力提升、一对一结对子的方式，达到"各美其美，美美与共"的效果。针对志愿者的社会融入和生活适应等问题，做志愿者背后的志愿者，通过招募维吾尔族爱心家庭、学习双语、学习民族宗教政策、提升志愿服务能力、疏导心理等方式探索西部计划志愿者社会嵌入机制。其中，寻找维吾尔族爱心家庭是最根本、最理想的社会嵌入方式，其他方式作为辅助方式。

西部计划志愿者在全面嵌入当地社会后，与当地发生了密切的联系，他就有了维吾尔族爸爸妈妈、哥哥姐姐，对新疆有认同有感情，也就更可能愿意留疆工作。即便离开新疆后，这一段经历也是不可磨灭的情感记忆。在西部计划志愿者服务当地，当地维吾尔族志愿者服务西部计划志愿者的过程中，本身就是一种"互嵌"。不论找到了多少维吾尔族爱心家庭，不论志愿者是否学会了维吾尔语，这些都不重要，重要的是在这个参与过程中已经达到了"互嵌"的目的。这对构建各民族相互嵌入的社会结构和社区环境是一种创新，对西部计划志愿者的服务管理也是一种创新。

发出基层声音

新疆日常生活是和谐美好的。在和田，牟桃感受到的是和田各族人民的纯朴热情，大家安居乐业，生活幸福美满。即便有的人在生活上有些许失意，但他们的眼神都透露着平静与坚定。牟桃印象最深的就是老人慈祥的微笑，就像库尔班大叔的微笑。据很多驻村干部讲，去慰问贫困户的时候，他们除了非常热情外，不会诉苦或提出其他的要求，他们非常憨厚朴实。特别是库尔班大叔的后人，他们都是普通人，但几十年来从不伸手向国家要钱。

牟桃从2015年到新疆开展调查研究以来，目睹了这些年新疆的变化，他觉得可以用"天翻地覆慨而慷"来形容这片热土。2017年10月，牟桃曾参与入户释法和在职业培训中心服务，结束培训中心的志愿服务后，牟桃写下了这样一段话：

在新疆的基层干部白加黑、五加二的时候，职业培训中心的学员吃得好、睡得好，学普通话、学法律、学技能，在将来必然成为抵御极端的铜墙铁壁，他们能唱国歌，会唱很多汉语歌曲，休息的时候也会弹都塔尔，跳麦西来甫。他们规矩意识特别强，走路井然有序。食堂伙食很好，抓饭比和田地委食堂好吃多了。我只希望，谁都不要对他们另眼相看。

有一次，牟桃下乡帮农民家的小孩辅导功课的时候，在作文里看到这么一段印象深刻的话："我家是一个幸福的大家庭。爸爸在职业培训中心学法律、学技能，我们经常见面，他很知足感恩。妈妈在合作社工作。

经常有叔叔阿姨来我家帮忙做农活，打扫庭院卫生。我的汉族妈妈给我买了书桌，方便我在家学习。我会好好学习，天天向上。"还有一次入户调研，女主人在路边开小卖部，她说她老公以前不务正业，整天跟着不三不四的人瞎混，现在他去职业培训中心学习，家里清净多了，希望他能够有所改变。

入户走访，倾听农牧民群众的声音

在和田细细品味当地人的生活后，牟桃发现：职业技能培训教育是用心良苦的关爱行动，得到了新疆广大群众真心拥护，自始至终没有发生冲突抵制。职业技能培训不仅是中国共产党全心全意为人民服务的宗旨体现，更是新疆完成历史任务的有力部署，是立足当前、强基固本、着眼长远的重要举措。

新疆的稳定发展是新疆各族人民在党的引领下努力奋斗的结果，我们要珍惜新疆各族人民来之不易的成绩，继续努力奋发。牟桃相信，新疆各族人民有信心以自己的智慧为中国和世界做出更大的贡献。新疆长期稳定发展是中国经验的一个注脚，新疆经验、新疆奇迹向世界展示了一个更为普遍的道理，若想保持稳定和发展，解决问题的思维方式决不能条条框框，而是要遵循历史发展规律，尊重地方性知识，实事求是地按照国家传统和实际情况走下去，最后必然成功。牟桃认为这会成为全世界认同的理念。

牟桃把讲政治顾大局放在新疆西部计划的首要位置，直面基层热点现实问题，对有关反恐维稳和脱贫攻坚的错误言论、负面情绪、消极心理等进行正面引导，鼓励大家为实现社会稳定和长治久安总目标、打赢脱贫攻坚战贡献一己之力，发表多篇阅读量达到"10万＋"，产生较大影响力的文章，入围第三届"五个一百"百名网络正能量榜样评选。

在平时工作生活中，牟桃与破坏民族团结的言行做斗争，炼就"火眼金睛"，密切关注网上民族宗教方面的苗头动向，甄别偷梁换柱的观点、暗度陈仓的思想；研究宗教极端思想在和田的渗透，以实际行动力挺新疆反恐维稳这场硬仗；做好和田的宣传工作，特别是对得到国务院肯定的和田典型经验进行了及时宣传，在中国民族报上发表《和田五位一体嵌入式发展模式推动各民族交往交流交融》文章。紧紧围绕社会稳定和长治久安总目标，做反恐维稳、民族团结的实践者和宣传者。

牟桃结合自身扶贫经验和新疆实际，与人民日报《基层干部把过多时间用在填表中，是痛心的浪费》展开对话，在中国青年网上发表《志愿说：精准填表就是做实事干大事挑难事》，该文以《一张扶贫表格里的大民情》为题在微信上被推送，阅读量达到"10万＋"，入选2017年"小疆有话说"精选作品集。

行者默默，其果硕硕

在新疆时，牟桃每天坚持学习维吾尔语听说读写1小时，现在已经能用维吾尔语进行简单交流，能看懂一些维吾尔语微信公众号文章。牟桃和一位维吾尔族志愿者结为伙伴，互学语言。牟桃认为这也是一种公益，一种文化传承的公益活动。只有学会了语言，才能助于真正交心，才能真正深入群众，实现更深层次的民族团结。

在新疆工作的三年，牟桃感觉任务多、要求高、节奏快、收获大。三年的志愿服务，历时五年的新疆工作和生活经历，牟桃不觉得自己是在奉献，心中只有感恩。因为西部计划，有幸在脱贫攻坚一线得到锻炼，也见证了新疆奇迹般地变得更加美好，持续释放稳定红利，旅游经济井喷式增长，新疆各族儿女同全国人民一道全面建成小康社会，这是新疆最好的时代。而西部计划志愿者，有幸奉献一己之力，没有辜负这个伟大时代。

新疆是个好地方，年轻时在这么美丽的地方奋斗，和新疆一起成长进步，牟桃更加坚信新疆经验值得书写，值得丰富，他相信新疆各族人民有智慧以自己的方式为中国和世界做出更大贡献。

"新疆，是我们各族青年成才成功的地方。我们只有做时代先锋的义务，而没有做过客、当看客的权利。选择了新疆，选择了新疆的未来，就是选择了党和人民的伟大事业，就是超越了精致的利己主义格局，就是具有舍我其谁的不凡器宇。"2017年，牟桃在发声亮剑文章《做一个不负伟大时代的有志青年》如是说。

行者默默，其果硕硕。三年的志愿情，在基层服务人民，使牟桃切身感受到"公门好积德"。回到广东，牟桃选择到深圳从事城市规划建设管理工作，做好党委工作经验与政府工作的结合，社会治理经验与城市规划建设的结合，人文与科技的结合。

牟桃仍然在不断进步，怀揣着为人民服务的初心，他的步伐越来越坚定。

"微"而足道，助梦前行

——"小黄人"青年志愿者李灿泽①的故事

他，以志愿服务点亮青年心灯；

他，青年志愿服务的"代言人"和"领头羊"；

他，是广东省中学共青团导师、中山市第二中学教师李灿泽；

因为名字中的"灿"及雷厉风行的作风，熟悉他的师生、朋友都称他为"火山哥"。

现实版的"小黄人"

说起小黄人，大家不禁会想起《神偷奶爸》里那乐观可爱的、萌萌的小黄人。在中山市第二中学（以下简称"中山二中"），也有一群可爱的身穿黄色志愿者服装的"小黄人"。生命在于运动，在操场，除了清一色地穿着洁白校服的中学生，还有一群"小黄人"志愿者，他们组织秩序，协助同学完成规范动作，帮忙盖章打卡；在食堂里，他们引导同学有序排队，提醒大家节约粮食，分类投倒剩菜剩饭；在图书馆里，他们细心地帮老师整理图书，为同学们提供借阅服务……在中山二中，这样

---

① 李灿泽，中山市第二中学志愿者服务队负责人，中山市教体系统志愿服务总队负责人，志愿服务时数近4000小时，在应急救护、乡村振兴、援藏等服务工作中表现优异，曾荣获"中国青年志愿者优秀个人""广东省岗位学雷锋标兵""广东好人"等荣誉称号。

的"小黄人"无处不在，他们都是中学生，都是在"火山哥"李灿泽老师的带领下成了一名志愿者。

微志愿与微公益，携手以伴

大学一年级时，李灿泽便加入学院青年志愿者协会，后来成为学院青年志愿者协会的负责人，经常组织同学参加学校、周边社区的志愿服务活动，组织过多次暑期"三下乡"社会实践和志愿服务活动。对志愿服务有着浓厚情怀，当他获得"泰豪杰出毕业生"奖学金后，他毅然拿出 5000 元奖学金捐赠给学院，作为志愿服务科研基金。

2017 年，时任中山二中团委书记的李灿泽，深知志愿服务对中学生价值观引领的重要性，他将大部分时间投入到志愿服务工作中，经常跑社区、找项目，为校内外的志愿服务项目活动招募志愿者。没有午休，更不用谈周末休息，过程很艰辛，同时还面临不少难题。比如，有些老师、家长质疑，学生参加志愿服务活动是否会影响到他们的学习？李灿泽老师对此进行过深层次的思考。他倡导"微志愿，微公益"理念，设计了许多项目如环保节能减排、慈善义卖、爱心助学等，提倡"碎片时间为公益"，鼓励全校志愿者每天抽出 10 分钟或每周挤出 1 小时为班级、学校、社区、社会提供志愿服务。改变，带来意想不到的效果。新理念得到了师生和家长的支持，越来越多的同学、老师、家长加入到中山市第二中学志愿服务队的大家庭，还自称为"二中小黄人"。

对很多学生而言，志愿服务是一种"热爱"。"拿出一点自己的空余时间，力所能及地去帮助别人、回馈社会，是很有意义的事情。"中山二中 2020 届毕业生梁权彪如是说。他高一时就加入了中山二中青年志愿者协会，在学校公交引导、五四晚会等各类活动中担任过志愿者。

在志愿服务的赛道上奋力奔跑

对志愿服务的热爱和情怀激励着李灿泽不断探索，"当时发现有很多可以做、也需要做的事情"；不少学生表示，"李灿泽老师的办公室是全校每天最早亮灯，也是最晚熄灯的一间"。后来，在学校优秀志愿者骨干们的共同协助下，中山二中产生了许多有组织、有规模的志愿服务品牌项目。

从学校的需求出发，沿着"立足校内、辐射社区、面向社会"的主线，李灿泽老师在中山二中先后推出了"校园文明督导""课室节能减排""映山红服务队""公交美丽人"等志愿服务示范项目，带动师生志愿者参与敬老爱老、禁毒宣传、脱贫攻坚、环境保护等一系列志愿服务活动。

"志愿服务，是立德树人的一种实现方式。"学生在参与志愿服务过程中，组织管理、沟通协作等能力得到锻炼，同时也积累了项目服务经验，"这或多或少对学生的学业和将来的发展有一些促进。"李灿泽老师表示，这也是中山二中和他一直坚持倡导的目的，希望这些活动能够带动更多的中学生去参与志愿服务活动，在实践中育人，培养更多更优秀、全面发展的新时代中学生。

中山二中"小黄人"们对于志愿服务普遍充满热情，大家一听到志愿者招募的广播就会纷纷跑到宣传公告栏前面排队，填表报名。除此之外，部分学校的大型赛事活动也会按班级分配名额，常规化的项目则轮批轮班安排志愿者服务。多元化的报名渠道让每个想做志愿服务的学生都有机会参与其中，在全校范围内真正发展起青年公益行为。

"其实身边的很多细小的事情都可以发展出志愿服务，比如垃圾分类、节能减排、节约粮食、图书义卖，这都是很小的事情，如果志愿者们出一点力，帮忙组织管理、维持秩序，这一件件小事就可以更加顺利地完成。"有学生认为生活就是志愿，哪里有需要，哪里就有志愿者。中山二中正是基于实际需求，于平凡之处着手，在课室、食堂、图书馆等地设置了许多志愿者岗位。

除了校内，学校还充分调动校外资源，结合社区、社会组织开展多样化的服务。如组织学生每周六到敬老院慰问老人、假期参与"三下乡"支教活动等，李灿泽老师还多次带领学生骨干参加志愿服务活动交流论坛，为学生提供更多的机会和更广的平台。

我们都是"节能侠"

每天放学之后，"节能侠"们身穿"黄马甲"，穿梭于各班教室，仔细检查风扇、电灯、多媒体等设备的电源是否按时关闭。

虽然多次听到学校各部门在会上传达节约能源精神，但校园里浪费资源的现象还时有存在：水龙头的水在无人使用时有时还会"滴滴答答"地流个不停，课室里的灯在"不停地争着光"，空调在"欢快地奏响新时代的最强乐曲"，这些现象没有困扰着李灿泽老师，他联合总务处在学校的行政会上提出解决方案。后来，"节能侠"项目出现了，并且越做越大，扩大到学校的宿舍等区域，减少了很多不必要的浪费，为学校节约资源做出了很大的贡献。更重要的是，这个项目的开展大大增强了学校师生、家长节能减排的意识。

爱心敬老，难能可贵的是坚持

每个周六上午，李灿泽老师和中山二中"小黄人"志愿者们都会到黄圃敬老院参加志愿服务活动。黄圃敬老院位于中山市黄圃镇，距学校3公里左右，门口有公交车直达敬老院附近站点。项目推开后，有300多名学生志愿者报名，每周招募30多名志愿者。如果你看到周末他们在微信群里接龙或者在学校团委窗口排队抢名额的场景，一定会觉得很惊讶。每周三，李灿泽老师都会召集本周参加敬老院志愿服务的学生进行安全培训。中山二中"小黄人"志愿者在周六早上8点多钟就来到敬老院里打扫卫生，与老人聊天、下棋，为老人们带来一场别开生面的文艺会演……久而久之，敬老院的老人们都离不开"小黄人"，"小黄人"也经常挂念敬老院的爷爷奶奶。正是由于情感的交融，很多师生每个周末都会过去探访他们。最初，李灿泽老师开展敬老院项目是想让更多的学生志愿者参与其中。后来，敬老精神感染了越来越多的人，更多的老师、家长以及其他的服务队也参与其中。

2019 届中山二中毕业生钟敏君说："每当老人们握着我的手，面带慈祥微笑时，我就感觉到胸中有一股热血在流淌，这是历史的见证者，是他们培育了我们的父母辈，我们的父母辈才培育了我们，我们应该多与老人们交流谈心，多给予他们关心与帮助。"

"二中"映山红，为爱前行不止步

2017 年，中山二中成立了一支师生志愿服务队，名叫"中山二中映山红"，主要是面向校外做公益活动。每年 6 月，中山二中团委、红十字会发动高三毕业生捐赠图书、举行图书义卖活动，筹得的经费用于捐赠贫困山区与学校。

为了做好每一年的图书义卖活动，学校要组织不少于 20 批次的志愿者进行图书分类整理。这些捐赠的图书存放于学校还未装修的报告厅里，里面闷热难耐。图书分类的志愿者们却自愿牺牲了中午休息和周末的时间，全身心地投入整理工作，他们工作时满头大汗却依旧快乐地进行整理分类的场景令人难忘。"中山二中映山红"服务队还与华南农业大学"筑梦下乡"志愿服务队联合开展支教、图书室建设、乡村墙绘、文艺会演、春晚筹备等志愿服务和社会实践活动，先后在河南商丘、湛江麻章、肇庆浪沙等地开展爱心帮扶活动。

2019 年 7 月，李灿泽老师作为"中山二中映山红"志愿服务队与华南农业大学"筑梦下乡"志愿服务队 30 多名成员的指导老师，带领队员们在湛江市麻章区聂村进行为期 17 天的支教、图书室建设、乡村墙绘、公益宣讲、文艺会演等活动，全力投入当地的乡村振兴活动。在这期间，李灿泽老师为队员们讲述自己在大学时参加的 3 次"三下乡"的励志故事，为队员们烧柴火饭，与队员们一起打地铺，时时鼓励队员们"在艰苦的环境中团结协作，坚持不懈，展现青年志愿者的最好风貌"。为了更出色地完成各项任务，志愿者们每天 5 点多起床，晚上近 12 点才休息。最终，他们交出了一份让当地人民满意的答卷，那奋斗、创新、无畏的底色值得青年人学习。

李灿泽老师在湛江市麻章区聂村支教

　　参加过"中山二中映山红"的林继锋也是中山二中 2021 届毕业生，他对自己那次下乡的经历印象深刻。2020 年寒假，在李灿泽老师的带领下，他跟随华南农业大学"筑梦下乡"志愿服务队到湛江市麻章区聂村开展了十余天的志愿服务，并为当地村民举办了一次春节联欢晚会。尽管当时村里的生活条件十分艰苦，但志愿者和团队仍然排除万难，努力筹备晚会的排演工作，最终晚会现场热闹非凡，村民们都对这场精彩的春节联欢晚会赞不绝口，这些都让他感动不已。

　　筑梦不息，前进不止。在疫情期间，小伙伴们在线上开展了各种形式的帮扶活动，目前，他们在筹备暑假线下的广州从化区支教、乡村振兴活动。

公交美丽人，让安全为生命保驾护航

　　中山二中"公交美丽人"中学生志愿服务项目诞生于 2018 年 3 月。由于学校地理位置较为偏僻，学生在周末搭乘公共交通工具回家十分不便，并且存在一定的安全隐患。学校为了解决学生往返各镇街的远途困难，联合交警部门和中山公交集团，开通了以中山二中为起点，点对点地发往距离较远镇区的公交专线。学生在校内即可上车，但是面临"大量学生候车秩序维护、学生上车文明安全引导、学生路途遇身体不适需要帮助、协助做好车厢文明有序服务"等需求，迫切需要有专门志愿者在现场负责指引和疏导，做好安全保障服务。李灿泽等老师组织了"公交美丽人"中学生志愿服务项目，近四年的实践，项目从最初的数十名学生志愿者壮大为现在的近 300 名志愿者；从最初为 9 条公交专线服务到如今的近 40 条公交专线，为 1500 多名往返镇街的学生提供爱心服务。

点赞"公交美丽人"项目

每个学期伊始，项目会面向学生招募"公交美丽人"志愿者，开展文明候车、文明引导、车内协调、排忧解难等服务。志愿者踊跃报名、积极参与，经过选拔和培训之后成为"公交美丽人"志愿者。其实，对于中山二中来说，公交专线志愿服务也是一个新的领域，从最初的临时组织延伸为持续服务，从简单的文明候车、文明引导拓展为引导、协调、关爱、宣传等综合性服务，从老师教学生一点点学会服务到志愿者骨干

"以老带新"做好各项服务，逐渐成为"师生自豪、远近闻名"的"公交美丽人"品牌项目。作为该项目的指导老师，李灿泽老师一方面广泛宣传"奉献、友爱、互助、进步"的志愿精神，引导学生在自觉自愿参与服务、在帮助他人的过程中获得体验和成长；另一方面做好回馈激励，在全校形成"微志愿、微公益""我志愿、我快乐"氛围，既通过墙报、广播、公众微信号等多渠道、多频次宣传学生志愿服务事迹，引起广大同学的赞赏和学习，也通过纳入课程、学分等方式激励学生志愿者多参与服务，不断充实自我。

随着志愿者的增多，李灿泽老师也进一步根据往返镇街的学生需求，以及公交专线车辆运行途中的需要，丰富志愿服务内容，提供更多志愿者发挥特长、体验成长的机会，如成立"公交美丽人"志愿服务项目之百名红色故事宣讲团。后来，中国青年志愿者协会原副会长、广东省团校教授谭建光为本项目概括出了"四个美丽"，即"美丽志愿、美丽出行、美丽互助、美丽成长"。

冼嘉怡是中山二中2021届毕业生，谈起她参加次数最多的"公交美丽人"校内外公交专线志愿服务时，她说道："看到大家有序上车，每个人都有位置坐，然后可以平安回到家，我们志愿者都特别开心。"

雪域高原上的那抹"志愿黄"

那一年，李灿泽把青春谱写成壮丽而绚烂的诗篇，一心扑进引领青年成长的事业——公益志愿服务中去，用事例、用实践、用活动，从零开始推动林芝志愿服务事业的发展，将"志愿黄"带到高原之上，在当地留下一支支带不走的队伍。2020—2021学年，李灿泽老师作为中山优秀代表赴西藏林芝支教，担任林芝第二高级中学30名"双百计划"广东援藏团队队长、临时党支部书记、援藏副校长。高海拔、缺氧、紫外线强，使初次来到高原的他对生活环境不那么适应，导致他时常出现头昏、气喘、咳嗽等现象。尽管如此，他常以缺氧不缺精神、艰苦不怕吃苦、海拔高境界更高的老西藏精神激励自己，稍作休息便继续投入教育教学管理。他克服种种困难，从无到有，让高原出现"志愿黄"。他通过国旗下讲话、讲座等方式向当地师生传递志愿服务理念，分享自己设计的项目和活动经验，帮助他们了解志愿服务内涵、激励机制、志愿服务项目等。借助中山二中志愿服务的成功经验，根据当地情况，推出节能减排、垃圾分类、资源回收等项目，一边带领学生干部开展志愿服务活动，一边招募和培养更多的师生志愿者骨干。皇天不负有心人，志愿服务逐渐深入人心！在当地的校运会、艺术节等活动上，处处可见"志愿黄"。再后来，当地的志愿服务体系也形成了。短短半年，当地参与志愿服务的师生超 5000 人次。

不仅如此，他主动向当地捐赠百余套志愿者服装，联系身边爱心人士，捐献教具、书本等爱心物资。具有应急救护资质的他，积极响应团广东省委等开展志愿服务的号召，主动承担"应急救护"课程，传授心肺复苏、常见急症处理等应急救护知识，并向中山市红十字会申请了一批应急救护物资，以便更好地在林芝推广急救知识。

在西藏传授应急救护知识

李灿泽老师的支教经历不仅为他的西藏之行添色，他的事迹对中山二中的学生也产生了深远的影响。"这是一件非常了不起的事情"，周智锋感慨道，她在大一暑假期间也到贵州六盘水参与了一场支教，"虽然没有像老师那么厉害、那么专业，但是我感觉我跟老师在做着同样的事情，都在坚持自己所爱"，这是让她格外自豪的体验。

中山二中 2021 届毕业生方博雅对此也深有感触。她此前以为志愿服务只是为别人提供一种暂时性的帮助，并不会产生太大的影响。而在大学期间的某一天，她和一位高中同学聊起专业选择原因，得知同学正是由于经常在朋友圈看到"火山哥"的援藏生活，深受影响，最终考取了师范大学，希望以后也能为国家的教育事业做贡献。方博雅感慨不已，更真切地体会到了志愿服务所蕴含的巨大能量和影响力，"'火山哥'用他自己的行动影响了学生的价值观和职业选择，虽然这件事他一点都不知道"。

在志愿服务中培养学生成长成才

志愿服务的力量绝非杯水车薪，也从来都不是孤立存在的，一个人可以影响一群人。对于中山二中师生而言，多彩的校园生活必定少不了一道亮眼的"志愿黄"。更重要的是，在服务他人、奉献社会中，学生们还收获了成长和进步，找到了青春的方向和人生的目标。不少学了毕业后回到母校一如既往参加志愿服务，很多学生积极加入到大学、城市的志愿服务队伍，成为当地优秀的志愿服务骨干。

现就读于广东第二师范学院的中山二中 2019 届毕业生黄睿谈道："就像'星星之火可以燎原'，我认为志愿服务能将一个个渺小的人聚集在一起，汇成一道庞大的力量。"2018 年高考，黄睿是高考协助志愿者，主要负责指引和拦警戒线的工作，"那天的雨特别大，志愿者的衣服也淋湿了两套，但是作为志愿者的我们仍然坚守在岗位上，还有小伙伴顶着风雨来送伞和水……"在肃静而紧张的高考气氛中，志愿者们共同坚守的责任感鼓舞和温暖着每一个人。

在志愿服务过程中，少不了和人打交道，而正是这种建立在人与人之间的真切交流与互动，为学生的性格、心态以及行为表现等方面都带来了一定的提升。

"我变得更加开朗自信了，每个人都会有不同的闪光点，做好自己就够了。"

"学到了更多的为人处事、接人待物方式。"

"能够更加体谅父母，会更耐心、更平和地与家人沟通。"

"共情能力变得更强了，更愿意释放自己的善意。"

"更加阳光乐观了，会更多地去寻找并放大生活中美好的东西。"

……

中山二中"小黄人"们回忆起志愿服务带给自己的点滴成长，心中满是美好的回忆和爱。

"记得在一次升旗过程中，突然下起大雨，李灿泽老师迅速组织学生有序退场，同时由于担心出现学生摔倒等意外，他一直站在雨中喊叫指挥，等回到办公室时，他全身上下都湿透了……"这样的故事还有很多，在中山二中学生的印象中，李灿泽老师是一位无比敬业负责、严谨认真的老师，也是学生们心中向往的志愿者榜样，是亦师亦友的存在。

志愿服务是一代又一代人的接力，是永垂不朽的精神传承。李灿泽老师自 2005 年起就开始投身志愿服务，在中山二中，他通过志愿服务，培养了一批批出色、能担大任的学生。

中山二中 2020 届毕业生周智锋现就读于广东财经大学。高中期间，她参与志愿服务的频率非常高，总服务时长约 300 小时。她凭借优异表现，获评"广东省优秀共青团员"等荣誉称号，这带给了她无限的动力和干劲，"让我相信我所做的一切事情都是有意义的，我以后也会一直坚持做下去，走得更远"。周智锋现在已发展成为一名预备党员，她更加深刻地感受到了志愿服务的精神和大爱情怀，未来她也会以党员的身份继续奉献自我。

做三年志愿，成一生选择。许多学生从中山二中毕业步入大学之后，依然继续投身志愿服务活动，成为各项志愿服务活动的常客，或加入志愿者组织担任主心骨，他们将中山二中"小黄人"的精神品质带到了更多更远的地方。2021届广州华商学院的冼嘉怡，在中山二中三年时间里坚持不断地参与志愿服务，刚进入大学时，她又报名加入了校青年志愿者协会红十字会分会，将在高中学习掌握的应急救护等知识宣传普及给更多的人；2020届电子科技大学中山学院的梁权彪曾是中山二中青年志愿者服务中心的一员，参加过旧衣回收、公益伞整理等活动；2021届广东外语外贸大学的方博雅多次在学校大型赛事活动、核酸检测等工作中担任过志愿者……现在他们仍然践行着志愿精神，不断奉献着青春力量。

在中山二中工作的这5年，李灿泽老师先后开展70多次敬老院服务、20个社区结对、110次公交专线服务、55场应急救护培训、30场图书义卖，赴肇庆浪沙等8个山区学校帮扶，对口扶困160余人，团队累计服务时长超30万小时。而作为青年志愿服务的"代言人"和"领头羊"，李灿泽个人累计志愿服务时数超3000小时。团队荣获广东省中学生志愿服务示范校、中山市学雷锋志愿服务先进典型组织、中山市青年文明号、中山市"四最"青年集体、中山市优秀青年志愿服务团队、中山市最佳志愿服务组织、中山市优秀青年志愿服务项目等。如今，中山二中"小黄人"志愿者成为省市品牌，"火山哥"和"小黄人"的事迹在团中央中国青年志愿者、广东志愿者等公众号得到推广。

点点微光，汇成星河；战袍在变，公益心未改。"火山哥"不仅仅是一名教师，他还身兼数职：校志愿者服务队负责人、青年文明号号长、中山市应急救护师资骨干、中山市教体系统志愿服务总队中心办公室常务副主任，等等，无论是在哪里，他总是全力以赴传播青年志愿服务精神。"火山哥"与二中"小黄人"的故事仍在继续，志愿服务路上，他们砥砺前行。

"火山哥"期待未来有更多中学生参与志愿活动、服务社会，让志愿之光与青少年同在。

以支教启航，绽放青春之花

——用环保专业知识支教的青年志愿者郑鸿祥①的故事

"老师，谢谢你们！我很喜欢这样的活动。"在西部地区一个寒冷的冬日里，学生的这句话在郑鸿祥心里燃起了熊熊火焰。

近年来，越来越多的青年志愿者参与支教、支边服务，将青春奉献社会、报效祖国。郑鸿祥也是其中的一员。

探索未知，在志愿服务中寻觅快乐

完成一份新生入学作业

高考后的暑假，郑鸿祥收到了中山大学寄来的录取通知书，也收到了一份名为"公益囊"的新生入学作业。为了完成这项作业，他与同学一起报名参加了揭阳市星火义工协会组织的一次"爱心义卖"。那次义卖活动的地点位于揭阳市青年文化广场，周围有几个住宅区，义卖的物资是星火义工协会前期接受捐赠的一些公仔玩具和文具，而义卖所得的款项将作为揭阳市贫困学生的助学金。在郑鸿祥的眼中，义卖的物资并不具有很强的吸引力，所以一开始他和小伙伴们对于能够卖出物资并没有很大的信心。烈

---

① 郑鸿祥，中山大学环境科学专业2021级博士研究生，积极参与援藏支教，生态文明宣传，乡村振兴服务，志愿服务时数近1800小时，曾获"全国大学生党史知识竞答大会个人最佳风采奖""广东省最美志愿者""广东向上向善好青年"等荣誉称号。

日炎炎，下午到广场的人并不多，但有一对路过的母子极大地鼓舞了他们的信心。最初，小孩子拉着他母亲来到义卖的摊位，但浏览一遍过后，他似乎没有找到自己想要的物品。当他母亲询问他们的义卖目的后，开始帮着他们向她的孩子"推荐"，最后购买了几件文具。她笑着说："你们做的是好事，小朋友也确实需要这些东西，加油！"那是郑鸿祥第一次接触公益活动，也是第一次在志愿服务过程中感受到被理解、被支持的温暖。

埋下一颗支教西藏的种子

进入中山大学之后，郑鸿祥积极参与各类学生活动，加入了中山大学学生会和环境科学与工程学院团委等组织。作为一名干事，他参与的第一个学生活动就是学院团委组织的成长论坛。彼时，他主要负责前期采访嘉宾，协助确定分享主题与形式。那场名为"钟楼少年多壮志，也学红烛照深山"的成长论坛活动，共有 6 名分享嘉宾，他们都是中山大学研究生支教团的师兄师姐，先后在西藏林芝支教奉献过一年。在采访的过程中，郑鸿祥第一次了解到雪域高原上的故事，也第一次听说墨脱这个地名——中国最后一个通公路的县。那时候在林芝市区支教的一位师姐，分享了她班上墨脱学生的故事，郑鸿祥才知道在 2015 年嘎隆拉雪山通车之前，墨脱一年中只有 2～3 个月道路通畅可以与外界联系。换言之，墨脱的学生来到林芝市区求学，很多学生一年都不能回家一趟。因为即便墨脱公路顺畅，但也需要翻越雪山，走过泥石流塌方频发的路段。"当地小孩求学，面临的不仅是贫穷，更关乎生死"，师姐的这句话深深地触动了从小在广东沿海求学的郑鸿祥。师兄师姐们愿意花整整 年的时间去帮助西部孩子的行为，令他感受到中大学子的家国情怀，也让他立下了多行善事的决心。

连续三年参与环保实践

作为一名环境专业的学子，他始终坚持依托专业所学，知行合一，积极参与创新创业与社会实践活动。他曾与同学组建"掌沁"环保团队，关注室内空气污染净化领域，尝试将实验室的研究成果转化为创新创业，先后获得"创青春"全国大学生创新创业大赛银奖、中山大学 2016 大学生年度人物等荣誉。

大二暑期，他担任"南粤环保行"暑期"三下乡"活动团队负责人，加入广东团省委组织的"情义两地行"粤港青年志愿服务合作营，前往广东省揭阳市开展志愿服务活动。他和同学们策划了"空气污染防治""垃圾分类"等专题宣传知识，通过社区摆摊和环保课堂等形式传播环保知识。此外，他们还用废旧报纸等材料设计衣服，通过"环保时装秀"的文艺节目弘扬环保理念。这些活动也吸引香港青年大学生的加入，粤港青年一道在南粤乡村宣传环保，得到了当地百姓的一致好评，同时队伍获评"第八届全国大学生社会实践优秀团队"。大三暑假，郑鸿祥再次参与暑期"三下乡"活动，担任中山大学团队的负责人，联合中山大学不同专业的老师、学生，在广东揭阳的多个乡村开展义诊、义教、家电维修、环保科普、文艺会演等志愿服务活动，获评广东省大中专学生志愿者暑期"三下乡"社会实践优秀个人。此外，从大二开始，郑鸿祥还参加"美丽中国梦想导师"项目，连续两年在线上为广东汕头的一名小学生提供学业和成长上的帮扶。

本科四年，他不断探索未知，有着一个很充实的大学时光。他发现在志愿服务的过程中他能够感受到真正的快乐与踏实。也正是对志愿服务的这份热爱，以及从大一伊始埋下的那颗西藏的种子，一步步指引着郑鸿祥走上西部支教的道路。

西藏支教，在雪域高原上践行公益

2018年7月，刚刚本科毕业的郑鸿祥，怀着奉献国家的满腔热血，从广州出发，经湖南、湖北、河南、陕西、甘肃、青海，在西宁转车，从格尔木沿青藏线到达拉萨，全程约60个小时。在拉萨集训5天后，他便与队友们乘车前往服务地——西藏自治区林芝县。

这样的学校还需要支教吗？

西藏在许多人的传统印象中或许是古老神秘、闭塞落后且自然环境恶劣的。但当来到林芝，看到蓝天白云、绿水青山、崭新的柏油路以及两侧绝美的尼洋河风光，郑鸿祥对西藏的认知一下子就改变了。特别是来到林芝县第一中学，郑鸿祥感觉自己仿佛置身于一个美丽的花园，而不是传统的校园。靳兵建校长带领新到的支教团队员参观校园时说："这里三季有花，四季常青，广东对口支援 20 余年，学校硬件设施得到极大的改善。"此情此景，郑鸿祥不禁联想到支教前团中央组织的全国研究生支教团队长培训会上老师提出过的一个问题：在物质或许不再匮乏的年代，在全国各地更加关注和支持西部建设的年代，研究生支教还能做些什么？这个问题郑鸿祥与队友们在出发前反复想过，但真正面对这样一所自治区前三的重点高中时，还是有些不知所措。

这里的需求是什么？支教团能做什么？带着这样的疑惑，郑鸿祥开始了支教的生活。他接触到的第一个公益项目是"一对一助学"，当时他们需要在各班上报的贫困生候选名单中筛选出真正有困难需要帮助的孩子，这就要求他们要跟孩子们一对一交流了解情况。白玛是郑鸿祥负责的一名学生，通过与班主任、室友和班级同学的交流，了解到白玛来自一个单亲家庭，母亲将近 70 岁，有 6 个小孩，几乎没有经济来源……他平时很少到食堂吃饭，一般是自己在宿舍揉点家里带来的糌粑配水吃。得知这些消息，郑鸿祥心里很不是滋味。在一个午后，他来到白玛的班级，与白玛面对面聊天。令他感到意外的是，白玛脸上一直洋溢着微笑，表现得乐观和从容。在交谈中，他得知白玛还是学校藏文书法社的社长、藏歌会的主唱。生活虽不易，但他没有自暴自弃。这样的孩子，正是"一对一助学"项目需要帮助的。郑鸿祥在和队友们筛选资助名单的时候，也不禁思考一个问题，西藏的孩子大部分从小享受国家"包吃、包住、包基本学习费用"的教育政策、接受社会各界帮助，他们是否会觉得这一切理所应当？又或是心存感恩希望回报社会呢？显然，大家都希望是后者，但不可否认有些孩子属于前者。

　　因此，郑鸿祥与队友们逐渐意识到感恩教育的重要性。他们依托学校励志社团，将"一对一助学"的孩子们组织起来，除了开展传统的感恩励志和爱国教育外，也尝试带他们参与一些志愿服务。例如，利用周末的时间走上大街为环卫工人送爱心早餐、到学校附近的孤儿院给那里的小孩辅导功课等。令他们没有想到的是，孩子们对于志愿服务活动的热情，几乎每次活动报名人数都是爆满的。原来，这群一直接受别人帮助的人，也渴望去帮助他人。有一次到孤儿院支教结束，一个学生私下对郑鸿祥说："老师，这是我十多年来第一次用实际行动帮助别人，很开心能够帮弟弟妹妹们解答问题，谢谢你们！我很喜欢这样的活动！"那时候天气很寒冷，但听完这句话，郑鸿祥和队友们感到暖暖的，一股热流涌上心头。更让他们感动的是一位叫央吉的孩子，有一次带她参加过一次关爱环卫工人的活动，后来她竟然发动班级其他的同学，自发走上街头为更多的环卫工人送去关爱。当时看到这个消息的时候，郑鸿祥和队友们激动得直接抱在一起！这群孩子长大了！就像队友说的："受助者不应是公益的终点，而应是公益的起点！"

他们需要帮助，更值得帮助

　　教学，是支教的核心。作为一名支教老师，最幸福的事情莫过于看到孩子们勤奋学习。然而，激发同学们的学习动力，并不是一件容易的事情。有一次，郑鸿祥在课后与几位学生交流，询问他们对薄弱科目是否会多花时间来进行强化学习，得到的却是否定的答复。其中一位同学说："老师，有一段时间自己一直学英语，但是成绩反而下降了，所以就放弃了，反正也学不会。"这次谈话对郑鸿祥的触动很大，他很快就与队友们就近期教学的感想进行了一次研讨交流。大家发现，孩子们之所以会轻易放弃是因为缺乏学习动力和压力，是因为考上大学对于他们来说并不困难（这里的大学包括专科）。但是，他们却不知道不同的大学之间有天壤之别，而且上了大学也绝非万事大吉。可见，孩子们缺乏对职业、对大学、对外面世界的足够了解。梦想的缺失，或许是困扰西藏孩子们学习的一大难题。

习近平总书记指出，扶贫先扶志。因此，郑鸿祥与队友们发起"高原梦想计划"，尝试给孩子们进行高校分享、职业分享，项目获评"西藏自治区最佳志愿服务项目"；为丰富西部学校校园文化建设，他积极联系辛亥革命纪念馆，推动建立馆校合作教育基地，在林芝发起首次"博物馆进校园"活动；为开阔西藏学生的视野，帮助树立远大理想，同时搭建藏粤两地青少年交流平台，促进民族团结，他们发起"青翼计划"藏粤青少年文化交流行项目……通过一系列梦想教育活动的开展，郑鸿祥发现这对于激发孩子们的学习动力有很大的帮助。"青翼计划"是中山大学研究生支教团的品牌项目，每年都有 30 名左右的西藏少数民族高中生，在支教老师的带领下，走出西藏，来到广东，进行为期 10 天左右的文化交流。从雪域高原到南粤大地，孩子们在这个项目中走进大学、走进中学、走进企业、走近大海，经历人生中的许多第一次，也亲身体验到广东沿海和雪域高原的不同。郑鸿祥曾担任过两届"青翼计划"带队老师，其间发生过许多感人的故事。令他印象最深刻的是，孩子们来到海边的场景，对于大多数孩子来说，这是他们第一次见到大海。许多孩子会和家里人通电话，因为他们的家人很多也都没见过大海。卓玛就是这样，她对支教老师说："过去我的爸爸一直把湖当作是海，所以我给他

与支教学生合影

视频，让他看看什么是大海，以后我要自己努力，亲自带家人一起来看看大海是什么样的！"说着说着，她的眼泪流了下来。回到学校，卓玛像变了一个人，学习特别刻苦，即使是她很讨厌的英语也硬着头皮学，主动让教英语的队友给她开小灶补课。"不好好学英语的话，以后怎么让外国人和我家人合影。"卓玛说完脸突然红了，笑了……那时候郑鸿祥知道，一颗奋力学习改变自己的种子已经在卓玛的内心深处埋下，逐渐萌发。

类似这样的故事还有很多。"青翼计划"结束后的第二个学期，郑鸿祥发现孩子们的学习状态发生了很大的变化。有一次，在办公室备课到深夜，郑鸿祥就索性趴在桌子上睡觉。然而，凌晨5点钟不到，他就被办公室外面的读书声吵醒。当他走出办公室，到校园里面探寻的时候，惊奇地发现有不少学生在捧书朗读，其中不乏"青翼计划"的孩子。那时候林芝的天气很冷，用天寒地冻来形容都不为过，看着他们用功读书，郑鸿祥深受感动。天道酬勤，在近两年的高考中，有不少郑鸿祥曾经教过的学生，考上了浙江大学、南开大学、中央民族大学等名校，更有两名孩子跟随支教老师的步伐，考上了中山大学，成为他的师弟师妹。

富强美丽、民族团结的社会主义新西藏

支教这一年，郑鸿祥与队友们还利用课余时间，前往林芝县的不同乡镇开展各类公益活动。

2018年国庆，郑鸿祥与队友们前往墨脱县开展公益调研与物资捐赠活动。此时恰逢改革开放40周年，受中国青年报的邀请，在这次调研途中郑鸿祥拍摄了专题纪录片，展现改革开放给边境县城带来的翻天覆地的变化。在墨脱为期四天的公益调研活动过程中，他亲身体验了原本需要三天才能走完的路程，如今只需要两个小时。县城整齐划一的民居、边境线上的小康示范村、县乡两级的小学幼儿园……墨脱早已不是郑鸿祥大一时所听闻的那个"高原孤岛"，他深深地为党和国家脱贫攻坚的壮举感到自豪与骄傲。

2018年12月，他与队友们来到此时刚刚脱贫的朗县托麦村开展"暖

冬行动"，为当地小学生和贫困户送上手套、头套、"小太阳"等暖冬物资。在这次活动中，他们与当地的驻村干部进行了深入的交流。其中有一位名为"姚哥"的驻村干部，已经在托麦村工作三年。姚哥熟悉托麦村每一户人家的情况，对于贫困户的收入以及贫困原因也了如指掌。驻村三年的时间里，他和妻子只见了两次面。见到姚哥如此全心全意投入到脱贫攻坚事业中，郑鸿祥与队友们不禁对像他一样的脱贫干部致敬，对中国脱贫攻坚的最终胜利充满信心。

2019年4月，在西藏民主改革60周年前夕，郑鸿祥与队友们来到海拔4300米的村级幼儿园捐赠"童趣物资"。小小的幼儿园，除了政府投入的基础硬件设施外，还有许多精美的手工饰品；走进教室，黑板上写明了这一周的课程，有藏文、汉语以及有关美术、体育等方面的内容；幼儿园有30多名孩子，年龄不一……然而，令他们不曾想到的是，这里仅有一名老师负责。这名老师刚刚大学毕业，由于不是正式员工，她的收入非常低，但却甘于奉献。看到这些，一个"高原乡村奖教金"的公益构想便在郑鸿祥的脑海中浮现。很快，他将此次调研的所见写进公益策划中，积极联系爱心人士，最终得到了深圳市慈善会润心基金的支持，成功设立了这项奖教金，旨在激励高海拔地区乡村优秀教师坚守岗位，立德树人。

在海拔4300米的村级幼儿园发放暖冬物资

这一年，郑鸿祥与队友们有幸走过林芝的 6 个县 1 个区，对接整合社会资源，发起各类公益项目 30 余项，看到了一个富强美丽、民族团结的社会主义新西藏，看到了一个更加立体的祖国。

知行合一，依托所学开展专业化志愿服务

敬畏生命，守护雪域西藏

有了本科期间多次环保科普的经历，郑鸿祥意识到环保教育的重要性，决心在西藏支教期间继续开展环保教育。作为一名环境专业的学子，当得知自己要担任高一年级的生物教师时，郑鸿祥倍感兴奋。因为生物与生态环境密不可分，他可以将更多的专业知识穿插到课堂教学中。开学第一课，照例是要与学生相互认识的，在介绍自己专业的时候，郑鸿祥联想到在林芝随处可见的"两山论"标语，便想考考学生。令他惊讶的是，在他说出"绿水青山就是金山银山"时，所有的孩子都不约而同地喊出了下半句："冰天雪地也是金山银山"。接着，郑鸿祥询问孩子们对于这句话的理解，教室的气氛瞬间被点燃，每一位孩子都积极地与身边人分享自己的观点。吵闹之中，有一名孩子提到了"万物有灵"这个词。郑鸿祥邀请这名孩子分享她的观点，她说："老师，所有的东西都是有生命的，雪山里面也有很多生命，这是我们西藏的财富，我们要保护他们。"那是郑鸿祥第一次感受到西藏人民对于生命的认知，或者说是一种敬畏。在之后一年的时间里，他无数次感受到这一点。例如，在"青翼计划"期间，有几位学生看到搁浅在沙滩上的一条小鱼，竟然哭了，而且一整天心情都很压抑。她们说看到一个生命就这么消失在自己眼前，感到非常难受。敬畏生命，敬畏自然，环保的理念似乎早已根植在雪域高原人们的心里。

除了生物教师，郑鸿祥也担任林芝县第一中学绿印环保社的指导老师，他希望结合自己的专业知识，帮助同学们更好地认识生态环境，并且逐渐成长为美丽西藏的守护者。因此，他将一年的社团课程分为两个

板块，上学期为"生态认知"，下学期为"生态实践"。

在"生态认知"部分，郑鸿祥带领环保社的孩子们进行校园环境监测，希望通过实际数据让他们直观感受校园的生态环境状况。为了更好地开展监测，郑鸿祥还邀请了西藏农牧学院的专业老师共同指导。每一次活动，他们都会先进行室内的讲解培训，并将学生们进行分组；要求学生自行完成组内分工，独立完成监测活动；监测结束后指导学生们撰写监测报告，鼓励学生们站上讲台进行展示。每周一次的社团课，孩子们总会提前来到教室，看得出他们很喜欢这样的学习形式。校园噪声监测、空气质量监测、植物多样性调查……孩子们拿着自己亲自测定的数据与环境质量标准进行比较，与其他城市的数据进行比较，这能使孩子们对自己所处的环境质量有更深的认识。"你们应当感到自豪，因为你们的家乡有绿水青山，有蓝天白云，有着多少城市梦寐以求的环境质量。但你们也要知道，西藏的生态环境是脆弱的，美丽家园需要我们每一个人共同守护！"第一学期最后一次环保课堂，在听完同学们的汇报后，郑鸿祥对孩子们如是说。

"生态实践"部分聚焦的是校园垃圾分类。郑鸿祥带领绿印环保社成员，配合学校对垃圾分类箱进行重新布置，设计了藏汉双语的标识牌粘贴在垃圾箱上以便引导学生正确投放垃圾；制作了《林芝县第一中学垃圾分类宣传手册》，派发给学校每一位师生；发起校园垃圾分类倡议活动并拍摄宣传视频，向更多的人科普垃圾分类知识……在师生的共同努力下，校园内掀起一股垃圾分类的新风尚：时常可以见到学生在垃圾分类箱前伫立，讨论着应该将手中的垃圾丢进哪个箱子，而绿印环保社的部分同学自发地在放学时当起"垃圾分类指引员"，帮助过往同学快速而准确地丢放垃圾。"六一"儿童节前夕，林芝团市委面向全市中小学、幼儿园举行大型游园活动，邀请支教志愿者和林芝一中学生志愿者参与。郑鸿祥将这一消息告知绿印环保社的孩子们，他们非常激动，热火朝天地讨论起用什么向小朋友们宣传环保。于是，一个主题为"Green Life"的宣传摊位出现在这次游园会中，环保社的"大孩子们"用废旧材料制作精美手工布置摊位，设计小游戏并配合宣传手册向"小孩子们"科普垃圾分类知识，传递环保理念。看着大小孩子们兴高采烈地交流着环保知识，将他们对环境的构想绘制在"环保树"上，郑鸿祥似乎看见了一颗绿色的种子已经在他们的心里悄然埋下，逐渐萌发……

带领西藏学生开展垃圾分类宣传倡议活动

生态修复，助力乡村振兴

从基层环保教育到西部脱贫攻坚，郑鸿祥始终关注乡村发展，也一直在努力依托专业所学助力乡村振兴。读研期间，郑鸿祥聚焦土壤重金属污染的生态修复，刻苦学习研究，希望练就过硬本领，为生态文明建设与乡村振兴奉献更多力量。

2020 年，他参加课题组承担的国家重点研发计划，在广东韶关大宝山矿区周围村庄开展重金属污染农田安全利用的示范项目。大宝山是华南地区一座特大型的多金属矿山，有着近百年的开采历史，对矿山生态系统以及下游农田造成了一系列的破坏与污染。如何对下游农田进行污染控制与修复，保障农作物的金属含量符合国家标准，是此项研发任务的目标。从农田选址、垦地除草、土壤改良、作物播种、水分管理到收获，近半年的时间，郑鸿祥多次往返广州与韶关，对接课题组与当地村委、农户，最终完成近 500 亩农田的建设。2022 年，项目成功通过国家重点研发项目的验收，实现了土壤重金属污染的有效控制与水稻籽粒中镉铅含量的达标。

此外，他主动参与广州市实施乡村振兴战略第三方评估工作，在广州市多个乡村开展调研评估，实地了解乡村振兴要求和发展现状，并积极探索生态文明服务乡村振兴的实践方式。2021 年，依托广东省农村科技特派员项目，他组织专家教授和青年党员，前往广东省揭阳市开展"科技助农 + 党史教育 + 环保科普"活动。具体而言，由专家教授为当地农户种植提供土壤改良剂和土壤地力提升方案，由青年党员协助专家教授对农村土壤现状进行调研分析，并向村民普及环境保护与党史知识，项目得到服务地村委干部和村民们的一致好评。

参加广东省农村科技特派员活动

公益宣讲，讲好中国故事

支教结束后，郑鸿祥积极参与各类公益宣传活动，希望结合自身经历传播青春正能量。一方面，他认真总结志愿服务经验，撰写《大手牵小手·我们一起看世界》一文，在《中国社会报》组织的贯彻习近平总书记关于志愿服务重要指示精神主题征文中获评全国优秀征文。另一方

37

面，他参加中国青年报主办的青年公益演讲大会，分享支教故事；参加CCTV1全国大学生党史知识竞答大会，讲述雷锋精神；作为志愿者代表在广东省学雷锋全民志愿服务行动月启动仪式上分享志愿经历，获评2021年广东省学雷锋最美志愿者。

习近平总书记指出，要举全党全社会之力推动乡村振兴。生态宜居是乡村振兴的重要要求之一，因此深入学习贯彻习近平生态文明思想，对环境专业学子参与乡村振兴至关重要。2021年，郑鸿祥协助策划发起"生态文明师生说"系列活动，组织学院师生党支部围绕《习近平关于社会主义生态文明建设论述摘编》进行专题学习，共有10个党支部参与，完成了6次专题学习研讨和4次专题访谈，相关活动获得《中山大学开展党史学习教育情况简报》第14期整版报道。

如今，在学院党委的指导下，郑鸿祥正与环境专业的青年学子一道，组建"中山大学习近平生态文明思想学习宣讲团"并成功入选共青团中央"强国有我 '核'你一起"大学生志愿服务宣讲队伍。郑鸿祥希望能够将习近平生态文明思想的理论学习与环境专业研究相结合，并转化为宣传实践，通过走进班级、走进社区、走向乡村开展习近平生态文明思想宣讲科普活动，为乡村振兴贡献更多的青年力量。

"支教助学是让我快乐的事，我乐在其中。"郑鸿祥如是说。支教只是起点，志愿服务没有终点。他将继续坚持做志愿服务的初心，在祖国和人民需要的地方绽放青春之花。

星星之火，点燃爱与温暖

——在西藏传递爱与温暖的青年志愿者何智升①的故事

在课堂上，他用和蔼幽默的语气与学生交流，用微笑接纳学生的各种观点；在日常生活中，他默默关注每个学生的日常表现，在学生遇到挫折时，总是给予安慰与鼓励。

他就是何智升，虽然没有轰轰烈烈和惊心动魄的故事，但是他用自己的实际行动践行了一名党员的初心和使命，给学生带去希望的曙光，为年轻老师树立了优秀的榜样。

"我只是集体中的一分子"

2018 年 7 月，何智升和他的队友赵梦龙、丘锦添、唐利等四名由华南师范大学（简称"华南师大"）学子组成的支教队伍背起行囊前往西藏昌都展开为期一年的支教。在从小到大都在广州生活的何智升眼里看来，青藏高原是他一直向往的地方，而能够在雪域之上开展为期一年的支教，且是开辟华南师大在西藏昌都的新服务点，这本身就是极其有意义的事情。

赴西藏支教初期，何智升与队友们的身体都出现了不同程度的不适，

---

① 何智升，华南师范大学志愿者，志愿服务时数超 1700 小时，在援藏支教、疫情期间开展线上支教陪伴等志愿服务中表现良好，曾荣获"中国青年志愿者优秀个人""大学生西部计划西藏专项优秀个人"等荣誉称号。

从感冒呕吐到病毒性疱疹再到病毒性面部神经炎。高原的初体验和生病的痛苦，给他们的生活添了不少的苦滋味。

他们在带军训期间，发现部分农牧区孩子用已经弄得脏兮兮的手来揉眼睛、漠视被医生筛查出来的肺结核疫情……这让何智升和他的队友们对当地孩子较为缺乏对农牧区常见传染病的认识这一现状有所反思。他们决定要好好地改变这一现象，要提高孩子们对传染性疾病的认识。经过深入了解，他们发现并非当地的卫生或疾控部门不努力宣传，而是由于当地农牧区面积太大，部分群众的文化水平仍有待提高，且针对青少年这一群体的卫生宣传普及仍以传统的方式为主，缺乏生动的教材以及授课方式，导致当地农牧民子女对如何防治当地常见传染病的认识仍存在较大提升空间。

经过调研分析之后，何智升和他的队友们开始群策群力，他们多番筹划后，在华南师大团委、华南师大校医院、昌都团市委、昌都卡若区疾控中心等众多单位的帮助下，得到各方的技术支持与建议，决定编写一本图文并茂的绘本书《再见！传染病小怪兽》。他们立即与华南师大文学院的同学共同商定文案，美术学院的同学根据文案进行配图绘制，然后联系西藏民族大学藏语系的研究生进行藏汉双语翻译……

拿到《再见！传染病小怪兽》绘本及配套文具、即将参加健康课堂的当地学生

　　在何智升和他的队友的协调策划下，历时近 5 个月的绘本《再见！传染病小怪兽》终于完成。这是一本涵盖肺结核、红眼病、包虫病、疟腮炎和病毒性肝炎等农牧区常见疾病预防的绘本，也是西藏昌都地区第一本面向农牧区青少年的藏汉双语彩色绘本。利用这个绘本，他们还开设了与之配套的健康课堂，健康课堂涵盖课堂演讲、健康知识彩绘、分组竞答比赛、与广东省人民医院的医生们视频连线等众多符合当地学生身心发展特点、令当地学生喜闻乐见的内容。

在昌都市达野完小开展"再见！传染病小怪兽"活动，带学生阅读绘本、
进行彩绘活动

　　在昌都团市委及当地疾控中心的支持下，在华南师大学子和各界爱心人士的帮助下，他们将这本彩色绘本与配套开设的健康课堂带到昌都市卡若区、察雅县、类乌齐县等 7 个县区，迄今已经有超过 5000 名当地农牧民子女受益。2020 年 12 月，在第五届中国青年志愿服务项目大赛中，"再见！传染病小怪兽"这一志愿服务项目获得评委们的一致好评，并荣获银奖。

如今谈及此事，何智升仍十分感慨："这个绘本及后续配套开设的健康课堂不是我一个人的成果，是集体的成果，是得到了多方力量的支持和帮助的成果，也是华南师大研支团将项目持之以恒接力的成果，我为自己能够是这个优秀团队的一员而感到荣幸。"

播撒下感恩的种子

当被问及在西藏支教过程中，最令他自豪的事情时，何智升回忆起了他和队友们组建支教学校的青年志愿服务分队的事。刚到服务地的时候，何智升和他的队友们便积极了解当地特殊学校、福利院的学生们的需求，特殊学校的校长说："我们特校的孩子们周六没课的时候，都只能够在操场上闲逛，其实我们还是希望能够给孩子们在周末上些拓展课程，这也有益于他们的身心健康。"听了校长的话，何智升和队友们不禁陷入沉思，如果只是靠队伍几个人的力量开展这类拓展课程，且不说活动的成效，万一在户外拓展运动中照看不好这群孩子，造成意外损伤的话，到时非但活动起不到效果，可能还适得其反。

为了能够给特殊学校的孩子们提供更好的服务，带他们过快乐且安全的周末，何智升和他的队友们在支教学校——昌都市卡若区第二初级中学的支持下，筹建以初一、初二年级学生为主体的学生志愿服务分队，并带领经过培训的学生们投入到周末的特殊学校志愿服务当中。有了这批志愿者们，周末面向特殊学校学生开展的"情暖童心·阳光同行"活动也得以按照一对一的形式开展，活动既安全也确保了趣味性。

在开展特殊学校志愿服务的过程中，何智升和他的队友们还会根据不同学生的需求，设置不同的课程。如对"启聪班"的孩子，则以剪纸彩绘、趣味运动会、橡皮泥捏制、刮画手工等丰富多彩的活动为主，让孩子们获得参与感的同时也能从中感受快乐。对"启智班"的学生则是根据特殊学校老师们的建议，带他们清洗个人的衣服，保障他们下一周能穿着干净的衣服上课。而对于有篮球特长的学生，则安排志愿服务分队的学生陪伴他们进行适度的篮球对抗练习。在每个周末持之以恒地带学生们前往特殊学校开展活动的同时，何智升发现当地俄洛镇的居民们见到穿着红马甲的志愿者时，总会一边微笑着竖起大拇指，一边用藏语说着什么。他问学生们才得知，当地藏民同胞们说的是，"一到周末，这群娃娃们又来了"。

当学生志愿服务分队的学生和何智升说起"老师，你看我们来了以后，这群小朋友多开心"的话时，何智升总会反问他们为什么。当学生们讪讪地笑笑不说话时，何智升便会跟他们讲起自己本科时曾在井冈山培训时的感触，给他们讲因为有"苞谷种子红军种，苞谷棒棒穷人搬"，才会有"群众们紧紧握住红军手"的《十送红军》的故事。在实际为特殊学校学生服务的过程中，每位参与服务的初中生志愿者非但热情不减，反而更愿意承担起较为烦琐困难的任务。

当看到志愿者银巴拉姆在洗衣服时，将手套主动让给队友，而毅然将手插入接近0℃的水中，何智升特意走过去问这位学生"难道不怕冷吗"，她的回答是："想到这群小朋友下周不会穿着脏兮兮的衣服，而是都穿着干干净净的衣服在敞亮的大教室里上课，我就觉得挺开心的。"

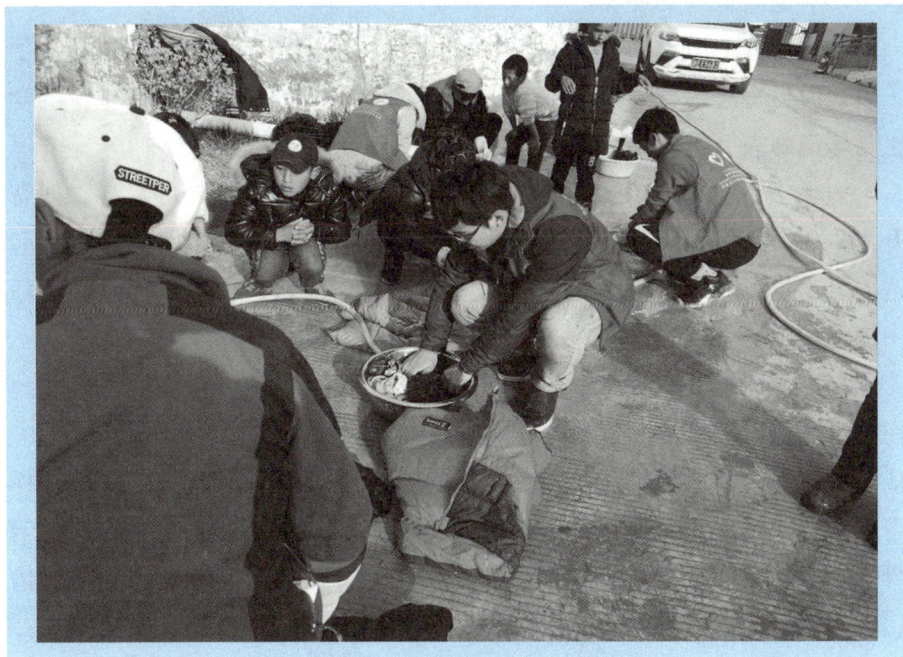

支教期间，每个周末带学生志愿者们一起为特殊学校学生清洗衣物

　　志愿服务分队的成员卡索、益西拉姆还会主动找到何智升和他的队友们说："老师，我以前的衣服都是妈妈和姐姐帮我洗的，我根本不知道洗衣服这么耗精力和费时间，我回家也要帮妈妈分担下洗衣服的工作。""从我们一进学校开始，这群小朋友就牵着我们的手不放，一个劲地叫'姐姐'，能够被他们认可和喜爱，我就觉得很开心幸福。"

　　所有的这些，对何智升来说，让他感到快乐的不仅仅是带学生们参加志愿服务，力所能及地去帮助每一位有需要的人，还有在志愿服务中懂得如何感恩，如何表达对他人的善意。

　　这个名为"情暖童心·阳光同行"的活动，也在昌都团市委的指导下，在华南师大研究生支教团志愿者们与昌都市卡若二中的青年学生志愿者们的接力与坚持之下，得以在每个周末在昌都市特殊教育学校开展。在2020年12月的第五届中国青年志愿服务项目大赛的终评中，这个项目同样获评了银奖，也得到了评委们一致的赞许。在这个全国性的志愿服务项目赛事中获得荣誉固然值得欣喜，但与此同时，何智升和他的队友们都认为，能够从志愿者和服务对象的行为中，看到他们的善意与收获，这便是对彼此最大的褒奖。

　　"与传播知识同样重要的是，我们尽己所能地为当地的孩子们播撒下了一颗懂得感恩的种子。"何智升说到这话时，不自觉地回忆起他带的学生与华南师大文学院本科生书信往来时的场景。

　　为了让当地藏族孩子们能够增长见识、了解高原以外的世界，何智升为200余名当地学生一一配对了华南师大文学院的大哥哥大姐姐们，这群大学生每隔一个月就会和藏族学生们通信一次，而他们还总会在信中捎上护手霜、零食、课外书、钥匙扣等各种各样的小礼物。

　　在书信往来的过程中，孩子们除了欢呼雀跃以外，还会纷纷自觉地在给哥哥姐姐们寄去的信封中放入藏族娃娃的小雕塑、当地的特色零食、他们所喜爱的明星卡片等。当何智升半开玩笑地跟学生们讲："你们这样寄过去就要超重"时，孩子们却急切地说道："老师，您一定要把我们给哥哥姐姐的礼物寄送到他们的手上。"看着孩子们澄澈的眼神，何智升倍感动容，同时也为贯穿于日常的感恩教育起到作用而倍感欣慰。

收到远方的哥哥姐姐来信而欢呼雀跃的孩子们

　　而收到孩子们善意的华南师大文学院的学生们，自发地为藏族的孩子们开展更多的活动，以丰富孩子们的课余生活。在周末会有为藏族孩子量身定制的"直播参观广东省博物馆、团一大广场、英雄广场"线上活动，而在孩子们考试前则会开展"睡前减压电台"和"真人图书馆"等活动，以讲述故事的方式予以勉励与放松。

　　在与昌都的藏族孩子相伴的时光里，何智升除了讲授知识之外，更注重通过言传身教，尽己所能地影响孩子们的行为规范、道德认知。对于何智升来说，支教不仅仅是教学，而是将志愿者的精神融入每一次有意义的活动当中，同时让学生们充分参与到活动当中，并在活动中有所收获、增长见闻、懂得感恩。

　　在结束支教前的工作汇报中，何智升动情地说道："就如我的学生们很喜欢听的那首歌《大山走出的孩子》的歌词那样'回首自己走过的道道山路，忘不了大山给我的爱'。与其说是我为昌都的这群孩子带来了什么，不如说是在这一年难忘的时间里，热情友爱、感恩奉献的孩子们教会我更多，也为我带来了难以忘怀的鼓舞与感动。"

华南师范大学文学院学生为藏族孩子们视频连线团一大广场

"像对待朋友那样对待学生"

在西藏昌都支教结束的前一夜，学生们为何智升和他的队友们准备了当地最高的礼节，他们自发地排好队轮流到讲台上为老师们献上哈达。昌都的机场在八宿县的邦达镇，离支教地点卡若二中有着 136 公里的距离，当何智升和他的队友凌晨起床准备出发前往机场时，发现门口等待着和他平时关系很好的两名学生——四郎扎西和益西桑布。这两个孩子特意调好闹钟，一大早便在校门口等候，只为了与老师们相拥道别。

虽然支教的岁月已时隔数年，而何智升和部分他教过的学生仍旧保持着联系，在他的学生里已有不少考到内地西藏班，正在读高中的学生也不时会向何智升发信息或进行视频通话，汇报自己读书的心得体会。对此，何智升说："西藏的孩子特别淳朴，也懂得感恩，我为我自己曾教过一群这么可爱的学生而自豪。"

像对待朋友那样对待学生，是何智升一直信奉的准则。在刚到西藏昌都时，他和队友们为了响应团中央开展"七彩课堂"活动的要求，花了整整一个月的时间开展调查研究，将当地的教育教学情况摸索清楚，以便于对当地学生因材施教。而何智升和他的队友们为了七彩课堂开展而精心做的前期调研《西藏昌都市初中阶段农牧民子女学习动机现状调查》的论文成果，也被昌都市教育局、昌都市教育学会主办的刊物《昌都教育》全文收录。

何智升还记得刚到西藏昌都时，面对着来自农牧民家庭的孩子们时，课堂上总会像在城市里那样，给孩子们讲授他们认为理所应当懂的内容，像"中华上下五千年""端午节的起源故事""风能与电能的转换""磁力同性相斥异性相吸"……可是每次提及这些时，眼里看到的，只是孩子们似懂非懂的点头和那疑惑而茫然的眼神，还有表示抱歉的摸头与礼貌的微笑。

带领学生制作风力小车，学习能量转换知识

　　于是，何智升和他的队友们做出了大胆而现在想起来依旧觉得自豪的决定：从 2018 年 10 月的第一个星期开始，每个周末坚持用一天的时间，走进昌都市第一儿童福利院与昌都市卡若区第二初级中学，去给孩子们讲授他们之前未曾接触过的人文历史、科学技术课程，去用更优质的教育，拓宽孩子们的视野。

　　当孩子们对照着航空飞机模型说明拼出一台飞机模型时，当孩子们根据指导在野外采集到反映当地水陆变迁的石头时，当孩子们自己组装好风能小车了解风电转换时，当孩子们视频连线"云参观"广东省博物馆与团一大会址时，当孩子们与华南师大文学院的哥哥姐姐们书信往来时，当孩子们通过模拟考古的教具发掘出恐龙模型时，当孩子们露出欢快的笑脸时……点滴的时刻汇聚成一个个难忘的场景，让身处教育一线的何智升和他的队友们更明白要推动当地素质教育发展有多么不容易，但是纵然艰苦，比起梦想家，何智升和他的队友们更愿意成为当地孩子们的筑梦者，为他们打开一座梦想的大门！

与学生们一起进行野外科考，学生们在展示他们采集到的岩石土壤样本

回首一路的坚持，何智升发现他们的努力效果是看得见的。通过拉动中国光华科技基金会、广州图书馆等社会爱心资源，在西藏昌都当地建起了4座"筑梦阅读"图书角与图书室，为孩子们带来了价值11万元的5000余本爱心图书。他们还每周定期前往昌都市卡若区第二初级中学、昌都市第一儿童福利院、昌都市俄洛镇中心小学开展"筑梦悦读"课程。自2018年9月到现在，"筑梦悦读"课程共计在3所学校开展115个课时，受益的藏族农牧民家庭学生人数达950余名。根据孩子们的实际情况，精心设计开发并讲授的人文历史、科技创新等各类型的课程也已达30种左右，其中科学技术类的课程则包括航模与水火箭原理及制作、地理野外科考、风能小车与能量转换、透镜原理与自制望远镜、制作竹蜻蜓与眼睛空气动力、模拟考古发掘、"永动笔"与磁力的奥秘……

学生们在昌都市俄洛镇中心小学"筑梦悦读"图书角阅读

"对学生的教育尽心尽力"这一宗旨，何智升一直将之延续到支教之后。在抗疫期间，何智升主动报名参加校团委组织的华南师大青年抗疫云支教队。为身处抗疫一线的医护人员子女进行一对一的线上陪伴辅导服务。

在学生小陈眼里，何智升就是一个可以一起玩、一起打闹的大哥哥。何智升会叫刚剪完头发的小陈"小光头"，而小陈也会亲切地回敬他"大菠萝头"。在线上辅导的过程中，何智升发现小陈对课本内的基础知识掌握得很牢靠，对课外的知识也非常感兴趣。发现服务对象有着极强动手能力的何智升，根据在昌都支教时期为学生开展"七彩课堂"的经验，为小陈寄去了许多实验材料，从地震预警仪模型制作到双引擎飞机模型设计，从自制乒乓球发球机到制作明轮船，从中国历史与地理的讲解到模拟考古发掘……在疫情停课期间，何智升总共为小陈设计了40余门涵盖人文历史、科学实验内容的趣味课程。

线上指导学生进行蒸汽船制作的科学实验

对于小陈的每一节课，何智升都亲自先将实验做一次，然后再通过视频连线的方式带着小陈做一次，以确保孩子上课时的安全无虞。也正因为何智升的用心，疫情期间轮流值夜班的医生小陈爸爸和被抽调到白云机场为出入境人员测核酸的小陈妈妈，都非常放心地将孩子的学习辅导和课余兴趣培养交给何老师。来自中山三院的陈医生评价他的服务时说："孩子很喜欢何老师的课，有人帮我们这个'双医家庭'照顾孩子，让我们有了更好的状态投入到医护工作当中。"

复课之后，何智升和小陈一家仍旧保持着联系，无论是在校运会上获得跳绳比赛第一名，还是在班级当上语文课代表，抑或是期末考得好成绩，小陈都会第一时间拨通视频电话与何智升分享。

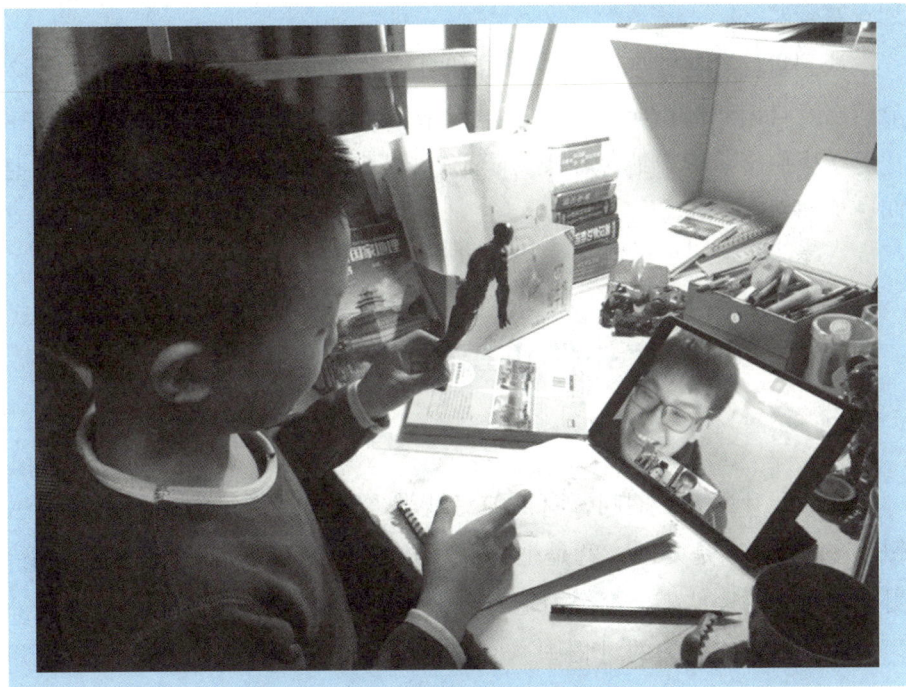

日常与学生连线交流，聆听他的想法与心声

而当被问自己被服务对象如此认可时有什么感想，何智升只是很坦然地说："能够以实际行动将母校华南师大校歌中所说的'祖国栋梁材，神圣职责我承担'贯彻到实践当中，做到学以致用，这本身就是一件很令人快乐的事情。"

在接下来的"'两帮两促'青年云支教——学业帮扶云浮罗定地区留守儿童"活动中，何智升依旧将他的服务对象小林当成是自己的朋友，在耐心的沟通和细致的帮助中，小林的学习成绩也得到了一定程度的提高。

在云支教的过程中，何智升也结识了一群和他一样志同道合的朋友，他们一同思索如何更好地通过线上的力量一对一服务留守儿童、贫困青少年。他们共同尝试采用手机直播应用、系统化的课程设计、朋辈深度陪伴的方式，让学生降低生活孤独感、提升学习积极性。他们共同参与组织策划"紫荆云陪伴——一对一帮扶留守儿童、贫困青少年的领航者"项目，而该项目也在 2020 年获评第十二届"挑战杯"中国大学生创业计划竞赛金奖。

谈到自己参与的志愿服务项目和自己教过的学生，何智升脸上总会显露出发自内心的微笑，在他眼里看来，亦师亦友便是最好的关系，相比起学生们毕恭毕敬地称呼他为"何老师"，他更喜欢听到孩子们称呼他叫"升哥""老何"。

"把每一件小事做好便是爱国"

在何智升读大学期间，有一位专业课老师曾经讲过的一句话让他感慨良多："什么是爱国，就是把自己能做的对国家、对社会有益的事情，哪怕是再小的一件事，都努力地将之做好，那就是爱国了。"

在从事志愿服务的过程中，何智升总会注意到服务对象的细节，并且尽力照顾到每一个人的感受，在每一件小事中传递爱与温暖。

本科期间的暑假，何智升曾跟随学校的"三下乡"队伍前往增城，在支教的一节足球课上，何智升发现有不少孩子是穿拖鞋来上课。为了避免孩子们在活动中把脚扭伤，同时又能够让所有的孩子都参与到活动当中，何智升带头将自己的鞋子袜子脱了下来，然后让穿了球鞋的孩子和他一样赤足上阵。"现在我教大家光着脚踢足球哈，大家把鞋子袜子都脱掉哟。"这个做法不仅顾及了没有穿球鞋来上课的孩子的感受，而且也能让每一位孩子都快乐地参与到活动当中，没有差别地享受踢足球的快乐。

何智升还曾经参与到工疗站陪伴康复人士的志愿服务活动，在这个过程中何智升总是拿出十二分的热情与这些康复人士交流。当看到有落单的康复人士时，何智升总会主动地将手伸向他们，与他们结伴并真诚地和他们交流、陪伴他们完成康复课堂的任务。有一次他因事缺席了工疗站的志愿服务，他的服务对象还特地拍了个视频，让其他志愿者发给他，视频的内容是问他为什么没有来。这一件事让何智升十分触动，"我想志愿服务不仅仅是自娱自乐的过程，你做的每一件小事都能够让服务对象感受得到。能够为别人带去快乐的每一件小事当中，我都能看到我自己的价值。"

当被问及如果服务对象没能察觉到他从小事做起的良苦用心，表现出不配合、不理解的态度时，他会不会感到委屈。何智升是这样回答的："没有任何的教育是一蹴而就的，哪怕孩子们此刻不能充分地理解。但是我们更渴望的是能够在孩子们的心灵中种下一颗小小的种子，这颗种子既是对人文历史的了解，也是对科学技术的探究，更是对行为规范、道德认知的培育，这些种子或许在将来会不经意地发了芽，会让孩子们沿着他们自己感兴趣的路，成为一个全面发展的人。"

"尽小者大，慎微者著。"何智升默默奉献，用心做好每一件小事，为教育事业奉献自己的点点星光。

青春援藏，行医无疆
——援藏青年医生志愿者罗华盛①的故事

农牧民卓嘎右手的拯救之旅

　　位于中国西南边陲藏地西边的阿里地区，停不下来的风持续吹打着地面，扬起一阵阵黄色沙尘，顺势卷走空中的一切，露出湛蓝的底色，这里一直被当作遥远的荒野之地，是世界屋脊的屋脊，平均海拔4500米以上。然而，无论风再大、气候再恶劣，普兰县人民医院的急诊科始终都亮着灯，一个个白色的身影穿梭在被粉刷成青葱绿色的走廊里，争分夺秒地、兢兢业业地守护着生活、旅居在这片土地上的人们。

　　每年的9月中旬，是县里青稞收割的时候，向远处望去一片片喜人的金黄，空气中仿佛能闻到青稞的清甜，原本是充满丰收喜悦的时节，却不想一道晴天霹雳降在了农牧民卓嘎的身上。2020年9月19日下午3时30分左右，卓嘎拿着一把收割好的青稞放进脱粒机，不曾想一个不留意，青稞苗子被卷进了脱粒机，连带着把她的右手也卷了进去，一声痛苦的尖叫响彻田野……

---

　　① 罗华盛，2020—2023年度大学生志愿服务西部计划西藏专项三年期志愿者，志愿服务时数超6300小时，克服海拔4500米的高原环境，服务于西藏自治区阿里地区普兰县人民医院急诊科，在基层一线守护藏区群众的生命健康。曾获2022年度"广东向上向善好青年"、2022年度"广东省最美志愿者"等荣誉称号。

与此同时，普兰县人民医院急诊科一位年轻的医生正小心翼翼地帮病人换药。看他的长相和当地的藏民不太一样，等他处理好后，病人用笨拙的普通话对他说"谢谢"，更加确认了他不是当地人。原来，他是从广东来的大学生志愿服务西部计划西藏专项志愿者，叫罗华盛，这天刚好是他到普兰县人民医院急诊科报到的第10天。

突然，办公室响起了一阵刺耳的电话铃声，随后，便听见护士用焦急的语气大喊："门诊有重伤病人，大家都过去帮忙！"罗华盛匆匆给病人交代完伤口护理注意事项后，跟在科里几个前辈身后，三步并作两步跑向门诊。剪开家属自行包扎的棉布，只见病人右手腕部近70%已经毁损，血肉模糊是罗华盛当时唯一能想到的形容词，多处粉碎性骨折，血液还在不断地、汩汩地涌出，顺着奄拉的手掌往下流，罗华盛等一行医生护士都不禁倒吸一口冷气。主任马上发出指示，来不及从惊愕中抽离，几人便开始迅速行动起来，准备药品器材、清洗伤口、紧急止血止痛、缝合血管及断裂组织、加压包扎固定，一气呵成，完成后大家额头都渗出了细密的汗珠。顾不上喘口气，主任开始联系地区人民医院，问是否能做断肢修复手术，当得到否定的答案后，马上安排人联系救护车司机，准备送往拉萨市治疗。除了值班医生，科里只剩罗华盛一个能抽身，主任便安排他和一位经验老到的护士转运病人，并在临行前反复叮嘱罗华盛时刻留意伤者的生命体征。罗华盛的心悬着，惴惴不安。

很快，一行几人便出发了，山路崎岖，救护车颠得人五脏六腑几乎揉在了一起，加之海拔在不断升高，和着病人痛苦的呻吟，罗华盛头晕目眩，四肢发冷，全部意志力都用在了抑制自己吐出来的冲动。在身体稍微好受些后，罗华盛的思绪飘到病人身上：右手几条大血管已经断裂，县上医院不能做CT检查，无法明确骨折及动脉损伤情况，而现在距拉萨还剩16小时车程，延误治疗时机是必然了，如果动脉损伤严重，病人的右手大概率是保不住了。想到这儿，罗华盛心里被无助无奈充满，双手不自觉颤抖。"医生，你坐到前面（副驾驶位）去吧，后面太晃了。"病人家属用笨拙的普通话对着正在发呆的罗华盛说道。罗华盛抬起头，看到病人家属竟用一副羞赧的神情看着自己，仿佛在说："实在不好意思，给你们添麻烦了。"罗华盛愣了几秒，连说了几句："没事，没事！"心里深深为藏民的淳朴所感动。

途中，病人的伤口仍不断地渗血，鲜血一次次将绷带洇湿、染红，罗华盛只能一次又一次强忍着身体的不适，在颠簸的救护车上艰难地、近乎是东倒西歪地、磕磕碰碰地为伤者进行加压包扎，同时心里也在默默祈祷，眼睛死死盯着心电监护仪上的各项指标。在长驱 18 个小时后，终于到了拉萨，已经是第二天早上 11 时，彻夜未眠，几人早已筋疲力尽。给上级医院介绍完基本病情后，顾不上吃早餐，几人便回酒店休息了。第三天，他们接到消息，病人的手已经接上了，罗华盛和同行的护士、司机到酒店附近的一家藏茶馆喝了一大壶甜茶，算是庆祝。

这次转运病人到拉萨的经历成了罗华盛在服务中最难忘、体悟最深的一件事，也成为他数次延长服务期的最大动力。

义无反顾到祖国和人民最需要的地方去

"中华民族是一棵大树，我是树上的什么部分？"在前往西藏拉萨的火车上，罗华盛对自己提了一个问题，因为他想起在西部计划第一轮岗前培训上，一位老师说的一句话："中华民族是一棵大树，每个民族都是树上的大枝丫。"

1996 年，罗华盛出生在广东省韶关市，成为这棵大树上的一个嫩芽，汲取着祖国母亲的乳汁长大，站在父辈的肩膀上沐浴阳光、舒扬绿叶。在高三，家乡的大学生联合会到学校宣讲，听闻了他们大学返乡的事迹后，罗华盛心中燃起了对志愿服务的渴望。2015 年，罗华盛步入广东医科大学，攻读临床医学专业。"基层医生的摇篮"是这所大学的定位，在基层实践中实现成长也成为广东医科大学莘莘学子提升自己的信条。在大学，罗华盛前后加入了三个志愿服务组织，服务内容涵盖医疗惠民和三救三献①等活动，后来成为广东医科大学"知行青春"工作室的青年顾问，为师弟师妹传授服务经验与心得。

---

① 三救：应急救援、应急救护、人道救助，三献：献血、献造血干细胞、献人体器官组织。

作为学校急救志愿服务队队长，罗华盛创新性地在队内组建服务型团支部，兼任团支书，他带领的团支部荣获"湛江市红旗团支部"称号。他主持并参与的多个急救科普项目获得社会广泛好评，还获得华为公司未来种子专项资助，并斩获各级荣誉 30 余项。他累计参加了 200 余场志愿活动，曾 5 次带队参加全国大学生"三下乡"社会实践活动，去到粤东西北各市基层宣讲院前急救等医疗卫生知识。为了呼吁更多人学习急救知识，罗华盛带着队员们在街头支个摊，拿起急救器材便讲。每次跪在心肺复苏模具前准备宣讲时，罗华盛都会给队员们打气："只有越来越多的人在模具前跪下去，才会有越来越多心搏骤停的患者站起来。"

在罗华盛看来，基层是一片沃土，是中华民族这棵大树得以繁荣葱郁的根基，也是自己的第二校园。钟南山院士说过，人活在世上，要常思考两个问题：大我与小我的问题，索取与奉献的问题。在基层实践的过程中，罗华盛慢慢找到了这两个问题的答案，懂得了如何将个人价值与社会价值统一起来。当耳畔响起习近平总书记对青年的期盼与嘱咐："毕业后到祖国和人民最需要的地方去!"罗华盛便想：是时候从中华民族这棵大树的枝头下沉到树枝，到树干，到树根，反哺基层。于是本科毕业后，罗华盛选择参加西部计划。

西藏作为藏族居民最大的聚集地，其独特的自然环境和文化气息深深地吸引着罗华盛，于是在填志愿时，他将西藏作为第一志愿，对于更深层次的原因，他当时并未思考更多。在面试过后一个月，他接到了录取的通知，并被告知被分配到了地处拉萨市中心的西藏自治区卫健委（广东志愿者对口服务西藏林芝县，部分会分配到拉萨）。到了 7 月中旬，他已经坐在了去往拉萨的火车上。望着车窗外荒凉的高山，他想起一个问题："中华民族是一棵大树，我是树上的什么部分?"同时心里盘算着能不能申请调岗，让自己真正下沉到基层。

很快，机会就来了。在拉萨参加第二轮岗前培训的第二天中午，志愿者群上发布了一则调岗信息，因为那曲和阿里地区招募的志愿者不足，当地项目办向各省招募有意愿调岗的在藏志愿者。罗华盛心里一乐，赶紧打开百度搜索那曲和阿里。"无阿里不西藏""阿里是世界屋脊的屋脊""阿里是万河之源、千山之祖""阿里是世界上人口密度最低的地区之一"，人们对阿里的种种描述都将罗华盛的心推向了阿里这个西藏的偏远地方。罗华盛心里想，越艰苦、越偏远的地方，接触和体会基层的机会就越多，况且越艰辛，体会就越深，成就就越大。于是当天下午，他便提交了调岗申请，申请书上引用了习近平总书记的一句话："青年人要'自找苦吃'！"

在拉萨结束培训后，罗华盛跟随大部队乘飞机抵达阿里进行第三轮岗前培训，其间又迎来了一次岗位抉择——留在地区还是去普兰县？罗华盛从当地项目办得知，地区的医院职工基本饱和，分配到临床岗位的机会不是很大，而普兰县则地处偏远，来往拉萨只能乘坐30多个小时的大巴，基础设施也相对落后，但有较大机会分配到临床岗位。本着下基层的决心，罗华盛再一次毅然决然地选择前往普兰县。后来在普兰县政府服务一个月后，成功转岗到普兰县人民医院急诊科，成为一名基层医生，凭借自己的专业优势，更进一步贴近基层、贴近百姓。

当地干部、同事、老百姓常常问起罗华盛，一个广东人为什么来阿里？罗华盛只笑笑说："因为高原情怀。"但是，他在心里默念："与西藏的山河、牦牛与铁路一样，同在祖国怀抱中成长的我，势必血液里也有西藏的高山与河流，希望骨子里也有'天路'的顽强与坚韧。"

在艰苦和恶劣环境中磨练意志

阿里地区普兰县地处中印尼三国交界处，是世界佛教徒众朝拜的圣地，夹在喜马拉雅山脉和冈底斯山脉之间，就像被一双大手高高捧起的宝珠，准备进献给神明。县域内有世界公认的佛教神山——冈仁波齐，以及两大圣湖——玛旁雍错和拉昂错。氤氲的圣湖水汽，使得普兰比阿里其他县稍稍湿润，滋养了阿里地区少见的草甸风光。但被两座大山脉捧起在高处，普兰也有着像阿里其他地区的高和冷，也注定会造就崎岖漫长且孤独的道路交通，使得水、电、各类生活物资、医疗和教育资源等都得之不易。

罗华盛到普兰，已经是8月份了。之于广东，普兰的空气还是干燥许多，在适应之前，呼吸的每一口空气都如同夹杂着砂砾，划拉着鼻腔和咽喉。风也是没日没夜地刮，天空被扫得一干二净，像圣湖一样蓝而清澈，这也意味着人们要时常戴着口罩、帽子、墨镜，防止大风和紫外线对皮肤和眼睛的伤害。而 4000 米的海拔，也常常让初来乍到的外地人的身体难堪重负，不仅心率大幅度增加，超过 120 次/分的大有人在（正常人平均是 75 次/分左右），而且稍活动便要大喘粗气，甚至头痛胸痛，严重的会出现急性高原反应、高原性脑水肿、肺水肿，处理不及时更是会危及生命。罗华盛身体适应能力尚可，没有出现严重的高原反应，不过也花了一年多，才让身体各项指标大体上调整回在广东的水平，虽然剧烈运动还是难事，但尚能承受中等强度的体力劳动。在基础设施保障上，因为地理、交通等因素，最基本的水和电尚不能得到较好的保障。这给罗华盛的日常工作生活添了不少麻烦。

罗华盛被安排住在五楼，由于楼层过高，自来水无法供给，只能每隔几天到楼下提水。罗华盛回忆起初到时一位同样住在高楼层的志愿者前辈曾笑着对自己说："去年冬天我一边哭着一边把水提上了五楼，但我还是选择留了下来，并续签了一年。"前辈说完这句话后，罗华盛心里顿时感受到了极大的鼓舞。但随后志愿者前辈又补充道，能定期提水也算得上一件乐事，在干旱或冰雪季节，楼下的水会断供，届时生活用水只能靠买，有电动车的尚可到一公里外的河边或其他地方拉水。激昂的心又凉了半截，但罗华盛也没有抱怨，权当是磨练。在 2022 年 3 月中旬，度过了 4 个月断水期后，罗华盛趁着楼下来水的宝贵机会，花了一下午，一口气提了半吨水上五楼，还高兴地发了朋友圈炫耀自己的战绩。

同样，罗华盛所在的医院也并未通自来水，可以看到在每个工作间的墙壁上挂着一个 10 升的绿桶，桶底下装上一个水龙头，用于医护人员日常的手卫生清洁，水用完了也由医护人员提水补充。

供电同样也不稳定。罗华盛到普兰的头半年，县里用的还是水电站的自发电，三五天小停电，半个月大停电，下雪停个把星期也是常有的。一停电，罗华盛便白天到有发电机的单位或者商店借电借热水，晚上则点着蜡烛吃泡面。10 月初，县上气温降到零下，小电炉和电热毯用不了，只能早早钻进加层加厚的被窝里，伴着县上十几部柴油发电机的轰鸣声入睡。

好在后来接通了国家电网，用电保障有了极大提升，但停电也还是

比内地要频繁得多。医院也不例外，晚上值班摸黑看病也常有。2021 年
10 月中旬，普兰县下了一场少见的大雪，大雪将县上本就少见的树压折
了，电线也遭了殃，全县当即停了电。当天晚上，县上某个工地的一名
工人，因为大意，在用煤炭取暖时发生一氧化碳中毒，幸好工友发现及
时，赶忙送到医院。当天晚上正好是罗华盛值班，当他从睡梦中被叫醒
时，看到的一幕让他难忘。病人右手拿着一个充电式灯泡，颤颤巍巍地
举起到齐头处，惨白的灯光映在脸上，如刀刻般，加深了因痛苦而皱缩
起的道道纹路，显得异常沧桑。额头上、脸颊上、鼻头上、嘴角上细细
密密的汗珠仿佛下一刻便要将他的脸淹没，他的嘴一张一合，似要说些
什么，但虚弱得发不出声音。他的整个上半身倚在工友身上，略瘦弱的
工友吃力地用双手扶着，焦急地对着罗华盛说："医生，他可能是煤气中
毒了。"罗华盛赶忙上前帮忙搀扶，就着病人自己带的灯，下医嘱，安排
吸氧、输液等，病人很快便好转了。罗华盛回忆起这件事，轻松地调侃
了一句："除了感谢工友发现得及时，还得感谢病人自己带的灯！"

从藏地医疗环境中思考基层医生存在的意义

　　普兰县人民医院规模不大，罗华盛所在的急诊科坐落在门诊楼后面，
算是医院较为核心的科室。到急诊科报到后，罗华盛为了尽早适应岗位
需求，经常趁着没病人的时候翻翻电脑上的历史病历，把每种病的诊断
和治疗方案誊抄一遍，还花了半个月时间对药房的所有药品进行登记和
归类，并分别备注用法用量、适应证和禁忌证。下班后，又把辗转 5000
多公里、历时半个多月从家里寄来的课本从头开始翻看，对于诊病治病，
罗华盛不敢怠慢分毫。在科室熟悉半月余，罗华盛便开始坐诊值班，三
四天值一次，两年多来已完成值班百余次，接诊并妥善处理病患 3000 余
人次，获得了领导、同事以及大部分患者及家属的认可。

　　在急诊科，罗华盛也小小体验了一把人情冷暖。有酒后斗殴在急诊
室闹事，指责他不开具虚假诊断证明的病人，也有患急性肠梗阻不配合
治疗的病人，也有不信任罗华盛而一边看病一边打电话问家中熟人干扰

诊治节奏的病人。"这些终究还是少数，在工作中给我更多的还是感动。"罗华盛回忆道，有一次一位70多岁的藏族老伯骑摩托摔伤了来到急诊科就诊，伤得不重，但疼得厉害。在给他处理伤口时，他牙关紧咬，拳头紧握，愣是一声没吭忍了下来。处理完后，喊家属进来，他老伴推门一瞬间，老伯竟一下子流下了泪，还扑进老伴怀里呜呜地哭了起来。在伤痛面前，家人是最大的慰藉。

"藏民的可爱之处还有许多。"例如，当有些藏民听到罗华盛称呼科室里的一些前辈为老师时，藏民们也会叫罗华盛一声"罗老师"，即使他们之中有些人长他两三倍的年龄。再比如，有一次一个 2 岁大的小女孩要输液，怕疼，哭闹得厉害，陪同的几个家属就一边唱歌、一边跳舞地哄着孩子。大人们的歌声夹杂着小女孩"咯咯"的笑声响彻整个急诊科，但其他病人也没有一丝不耐烦，大家都默默听着、笑着。

当地人在对现代医学的基础把握上也有许多不尽如人意之处，所以在常规诊治之余，罗华盛也尽己所能，帮助当地群众养成良好的卫生意识。比如一开始，藏民们身体一有不适就想着输液，罗华盛坚持做解释工作，让他们知道能吃药就不肌注，能肌注就不输液。一开始，面对不开输液处方的罗医生，他们总是骂骂咧咧，转而找其他医生看病，甚至有个别病人会专门避开罗华盛的班。后来，在罗华盛苦口婆心的劝说下，病人们开始尝试按照他的医嘱用药，发现效果也不差，慢慢地，病人们就越来越"听话"了。罗华盛诚恳的态度和辛勤的工作也终于换来了病人一个个信任的眼神和一句句亲切的"谢谢，罗老师"。

在 2022 年 3 月初，罗华盛还接诊了一个特殊的小病号。一个晚上，罗华盛正在电脑前补病历，两个藏族同胞，一男一女，敲了敲就诊室的门，两人都穿着传统的藏族服饰，脸蛋和双手黝黑黝黑的，被高原的阳光暴晒和风沙摩挲形成的细密皲裂清晰可见，但能看得出来年纪才二十出头。其中女人怀里抱有一个婴儿，静静地蜷缩在褓褓里，只留一个苹果般大的小脸露在外面，挨着婴儿小脸的一侧，是女人胸口半敞的藏袍，看来是刚刚哺乳不久。

罗华盛招呼两人进来。女人立马抱着婴儿快步上前，焦急地用藏语陈述病情，一边将婴儿抬高向前，示意罗华盛看，旁边的男人时不时也插上几句。罗华盛还听不懂两人所说的很多词汇，便赶紧打断，问："会说汉语吗，听得懂我说话吗?"女人慢慢地摇了摇头，神色变得更加焦急了。"先等我一会，"罗华盛疾步跑向值班护士所在的治疗室，"拉姆姐，有个病人，我听不懂她说的话，你帮我翻译一下吧。"旋即，两人又来到就诊室。

一来一回地总算把病情基本了解了，患婴，女，26 天，3 天前无明显原因出现哭闹不止，进食减少，大便未解，母乳喂养，无余特殊。罗华盛皱起眉头，新生儿科并不是他熟悉的领域，但他很快冷静下来，一边在脑海里将新生儿常见病的相关知识点掏出来粗略回顾，一边让女人把婴儿放在检查床上，解开婴儿抱被。只这么折腾一会，小病号便开始号啕起来，想来是极不舒服。罗华盛没有让女人停下来安抚孩子，继续让她把孩子剩下的衣物解开，露出胸部腹部，只见小病号腹部膨隆如气球。甚至泛起一道诡异的亮光，腹壁上清晰可见道道青紫粉红交错的血管，罗华盛上前触诊，小病号哭得更凶了。肠套叠? 肠梗阻? 肠胀气? 罗华盛仍拿不住主意，想起成人肠梗阻的问诊要点，随口问了一句:"有没有吃一些难消化的食物? 除母乳之外的。"罗华盛并没有指望能得到肯定的回答，心里想着，这 26 天大的新生儿还能吃啥，便准备开口问下一个问题了。当转头看向护士时，看到护士眼中闪过一丝无奈的神色，随后淡淡说道:"她妈妈说前几天给宝宝喂了糌粑。"罗华盛眼睛瞪大一圈，脖子前伸一寸，还来不及从错愕中抽离，问:"喂了多少?"护士继续用淡淡的语气说道:"小半碗。"并将右手掌窝起来示意碗的大小。这下罗华盛心里有了底，一口气还没松完，心又提了起来，"快点去拍个片，看看是不是肠梗阻，或者，肠胀气。"结果印证了罗华盛的推测，考虑不完全性肠梗阻，请示了本院的儿科医生后，罗华盛给小病号开了灌肠的医嘱。灌完肠后，罗华盛吩咐家属按住小病号上半身，自己则用左手捏紧小病号的屁股，防止液体提前涌出，右手顺时针转圈轻轻按摩小病号胀得发亮的肚子，5 分钟后，罗华盛松开左手，右手继续按摩，不一会儿"噗"的一长声便从小病号的屁股嘣出，即使号啕声响彻病房，但这一声"噗"还是清晰地传入了罗华盛耳中。又过了不到 5 分钟，病房已经安静了下来，数人也放松下来，小病号已经享受地在藏族女人怀里喝着奶。再看向众人，3 ℃左右的天气，大家额头竟都渗出细密的汗珠。

罗华盛和护士在回办公室的路上聊起婴儿喂养的话题，从护士口中得知，这边确实会在小孩很小的时候喂糌粑，因为他们觉得糌粑是强身健体的东西，但这么小就喂，她也是第一次遇到。并且如果母乳不够，很多人家也会选择喂自家牦牛产的奶，而不是婴儿奶粉，护士最后笑了笑道："我小时候也是这么过来的。"

罗华盛早已不复惊愕，他想：一方水土养一方人，喂养习惯背后也有一定的文化根源。回想起之前的惊愕表现，倒觉得有点不好意思，怕冒犯了小病号的爸爸妈妈和一众藏族同胞。在小病号结束留观后，罗华盛向小病号的爸爸妈妈提出了更科学的喂养建议，没有指责、嗔怪，只是诚恳地道一句："这个小宝宝肠胃不好，辅食要等五六个月大的时候再添。"

在急诊科服务，罗华盛还有一项重要工作——病患转运。由于普兰县医疗条件较差，许多重病患、急病患尚不能处理，便只能将其转运到400公里开外的阿里地区人民医院，部分特殊病患还需要转运到距离普兰县城1300多公里的拉萨的医院。转运团队一般由一名医生、一名护士和一名司机组成，在偏远广袤的阿里地区，三人一车架起一条天路上的生命线。

轮值的医护人员需要24小时待命，罗华盛常常在睡梦中被一通电话叫醒去出车。崎岖遥远的路途、时升时降的海拔、疲惫的身躯，让转运工作变得尤为艰辛。而面对翻江倒海的不适感，罗华盛毫无怨言，顺利完成了20余次的转运工作，总里程超过了1.5万公里。他第一次，也是印象最深刻的一次出车任务便是转运被青稞脱粒机割伤，导致右前臂大面积毁损的那位农牧民——卓嘎。

后面罗华盛述转运了一位上消化道出血的81岁藏族老党员奶奶，她重病缠身仍不忘将党员徽章别在胸前的强大信念让他深深敬服；还有一位藏族老阿妈从上救护车就一直紧紧攥着他的手，被病人信任、依赖让他内心充满了对往后服务工作的信心和动力。"不把根扎进基层，又怎能了解基层？又怎能从群众身上汲取最淳朴的精神力量？"罗华盛回忆起这些经历时如是说："基层医生的意义在哪，我在这些病人身上探知到了。作为群众与疾病之间的第一道防线，基层医生对早期诊断以及阻止病情进一步恶化起到了至关重要的作用。"

奋战防疫一线，把坚守当成一种挑战与信仰

除救治病人之外，罗华盛也需要参与到边境防疫战线工作当中。疫情严峻，普兰县作为中印尼交界的边境重县，更是时时刻刻绷紧着弦。以普兰县人民医院为核心的卫生阵线是防疫大战的中坚力量，承担起了普兰县各学校、各关卡以及边境线各个山口防疫的重任。面对这份艰巨的任务，罗华盛没有畏惧，多次主动申请到各个疫情防控驻点上防疫，在疫情暴发时也是第一时间冲在前面。从院门，到校门，到县门，到地区南大门，到国门、边境线山口，再到隔离病区和方舱，罗华盛在防疫抗疫战线上守了近400天，这近400天的坚守既是一场与孤独的战争，也是意志品格的训练场。

2020年11月份，罗华盛被安排前往县九年一贯制学校防疫。在学校他每天穿着防护服，背着一桶近25公斤的消毒液在校园各处进行消杀，一遍三桶，一天两遍，坚守了半个月。其间也充当校医，为小病号们处理小擦伤、小感冒等。有一回，一位刚进校园不久的一年级小男孩在课堂尿了裤子，老师无暇照顾，把他托放在校医室。因为马上便是周末，老师打算让他家人直接带他回家。校医室的小电炉不够暖和，小男孩的小脸小手被冻得通红，头低着，鼻子不时地汲拉着清涕。罗华盛不忍心，便把小男孩带回宿舍。路上小男孩或许是害羞，并不吱声，走在罗华盛前面，不时用手指指方向，示意罗华盛往左、往右走。约摸5分钟，罗华盛来到了小男孩的宿舍。普兰的11月份，气温已经到了零下10摄氏度，但宿舍里除了简易的床褥，并未见任何可供取暖的物件。本来在路上冷风吹着已经把罗华盛冻得瑟瑟发抖，来到这，他感觉从里到外都冷了个透。小男孩倒是习以为常，不哭不闹，自己脱了尿湿的裤子，钻进被窝里。这股坚韧的劲儿倒是让罗华盛顿感心酸，却也心生敬佩。好的是，在2022年罗华盛再问起学校，被告知已经实现了供暖，这让罗华盛心里有了和普兰共进步、共发展之感。

2021年6月至9月，罗华盛在普兰县大门——嘎入检查站防疫，他

与另外一位医护两班倒，从日出日落，到月升月落，足足守了3个月之久。站里只有罗华盛一个汉族人，其他工作人员基本用藏语交流，过往的人员也基本为藏族老百姓。每每看到藏族同事热火朝天地聊天而自己插不上话时，罗华盛总是觉得异常落寞和孤独，而平时登记过往人员信息时，沟通上也多有不便，如此种种，让罗华盛变得急躁，在排查行程时渐渐失去了耐心，语气不复以往的温和。为了调节自己的状态，罗华盛主动向藏族同事请教日常工作常用的藏语短句，学起了简单的藏语歌曲，一教一学，慢慢跟藏族同事熟络了起来，登记排查工作也顺利得多。晚上休息时，罗华盛也常和藏族同事聊天，兴起也跟着藏族同事唱起歌，借了他们的藏装穿上，笨拙地跳起锅庄舞，好不愉快。

而后罗华盛又到了中国海拔最高（约5000米）的边境检查站，阿里南大门——马攸桥边检站，忍着零下20摄氏度的刺骨寒潮为过往车辆登记行程信息并做疫情排查，又坚守了3个月。在这里，罗华盛常常能遇到过来旅游的广东老乡，一开始，罗华盛会用已经不太熟练的粤语跟他们打招呼、闲聊，每每他们问起，一个广东人为什么来阿里工作时，罗华盛总会热情地、略显自豪地跟他们解释。后来遇到的广东人多了，也被问多了，罗华盛便不再跟他们感慨同乡之遇，也不再跟他们解释为何来阿里，因为这解不了罗华盛心中的孤独寂寥和对家乡的牵挂。

道起对故土的眷念，罗华盛还清晰地记得，2020年10月1日，恰逢国庆节和中秋节，是自己第一个24小时值班的日子。这一天，接诊的大部分是内地过来旅游而患上急性高原疾病的病人，罗华盛学着前辈平时接诊的神情语气，故作老练地问诊、查体、开医嘱，并没有露怯。约摸23时，一行跟罗华盛年纪相仿的青年走进急诊科，也是过来旅游的，问完诊后确定还是急性高原疾病，给了常规处理后，罗华盛随意问了一句他们是从哪来，倒是意外，都是从广东过来的。在普兰，就罗华盛打听的来说，就自己一个广东人。罗华盛便禁不住像个拿到糖果的小孩一样跟他们攀谈起来。在他们输完液准备离开时，罗华盛还把前一天收到的广东西部计划项目办寄过来的两个双黄莲蓉月饼送给了他们。第二天下夜班，罗华盛去超市买了一瓶广东产的耗油拌着泡面吃了，心里变得空落落的。

后来罗华盛又到了中尼边境——斜尔瓦，他"蜗居"在一顶小小的帐篷里半个月，每天巡视山口，并做好国门的消杀工作。在一个雨夜，罗华盛望着国门久久无法入睡，右手触摸着帐篷凹凸的隆起，仿佛在抚摸着地图上从喜马拉雅延绵到岭南的山脊，孔雀河哗哗的奔流声在耳畔回响，他想到广东老家屋旁，新丰江也像这般哗哗地淌着，就是不知孔雀河的奔流能不能载得动这满心满怀的乡愁，送到新丰江，途经他的广东老家。

2022 年 3 月，罗华盛又被安排到医院的发热门诊，他踩着值班两天、下乡两天的忙碌节奏，诊治发热病人，并为居家隔离人员、各个防疫卡点工作人员和普兰县其他民众采核酸。在一次出任务时，他邂逅了喜马拉雅山边境线上的驻守人员。从这些驻边人员口中得知，他们每天需花 4 ~5 小时上山巡逻，冬天雪积得厚则需要更久。山上阳光更猛烈、风沙更狂暴、氧气也更稀薄，很多藏族本地人几天下来身体也遭不住。晚上则住在帐篷里，冷风倒灌，时常会被冻醒。罗华盛望着他们凌乱的混夹着尘土和草屑的头发、被晒得黑中带红的脸庞和干净纯粹又充满力量感的笑脸，心中油然生出一股敬佩之意。罗华盛这时想起一句话："清澈的爱，只为中国！"2022 年 6 月，因疫情防控需要，罗华盛恰好被派往喜马拉雅山上守边，他每天也跟着这一众守边人上山巡视，望着不远处仍积着雪的延绵万里的喜马拉雅山国境线，他想象着，从喜马拉雅山上刮过来的东南风，也会在自己脸上刻下同千千万万守边人一样的勋章。

2022 年 8 月，普兰县暴发疫情，县内的医护有的被抽调，有的被隔离，一时间，急诊科只剩罗华盛一人，他承担起了院内外消杀、坐诊、出诊、居家人员核酸采样等工作，往往工作到凌晨 4 点才回到科室睡下。2022 年 8 月底，县城内形势趋稳后，罗华盛又主动申请到疫情仍处于高位的巴嘎乡管理方舱。这里海拔近 5000 米，虽是 8 月，但已经进入雪季，时不时会下雪下冰雹。罗华盛管理的方舱建在凹凸不平的草地上，由 400 多顶帐篷组成。因为人手紧缺，该方舱仅配备了两名医护人员，在管理方舱的一个多月，罗华盛与一名护士承担着消杀、巡诊、清理医废、发放吃食、核酸采样等工作，每天工作时间超过 14 小时，偶尔在半夜还会被叫起处理突发不适的患者。因为每天都要背着近 20 公斤的手动喷壶逐一消杀 400 多顶帐篷周边及厕所，从隔离区出来后，罗华盛往往累得肩背僵硬酸痛，脚底起泡也常有发生。遇到冰雪天气，工作更为艰苦。有一次雪夜，积雪压塌了罗华盛所住的帐篷，他顾不得心惊，马上穿好防护服进舱查看病人情况，所幸无一人受伤。最后，奋战 4 个多月，普兰县与全国各地一起迎来了抗疫的胜利。

"我还想继续服务"

在罗华盛服务西藏阿里的两年多时间里，他始终坚守服务基层的初心，肩负基层医生的使命，用己所学，惠之于民，认真踏实工作，视病人如亲人，痛其所痛，不仅守护了当地藏民的身体健康，而且为维护汉藏民族团结贡献了自己的力量，相关事迹也被中国青年志愿者网、《南方日报》、广东共青团网、西藏共青团网等多家媒体报道，所撰写的服务日记《我为什么要去阿里》被收录于国家卫健委健康报社《中国基层卫生发展回眸》。他还积极参加西部计划宣传活动，鼓舞了若干师弟师妹报名参加西部计划。

从志愿者，到急诊科医生，到校医，到疫情防控人员，再到喜马拉雅边境线驻边守边的一分子，罗华盛在各个角色的转变之中对"小我"与"大我"的问题进行了实践探索。从诊治病患、转运病患，到奋战防疫一线，再到喜马拉雅山上驻边守边，经过了寒风大雪的洗刷，也经过了疲惫寂寥的荡涤，罗华盛收获了满足，收获了感动，也收获了自豪，实现了个人的成长，也实现了个人价值与社会价值的有机融合，践行了自己长于基层、反哺基层的意志。这些收获也最终成为罗华盛继续在阿里深耕的强大动力，也促使他在 2022 年 4 月份第二次递交延期申请书，继续书写他服务西藏的故事。在申请书的文末，罗华盛这样写道："能踏着老一辈援藏人的脚印将热血洒在西藏这片美丽圣洁的土地上，能在青春光华实现自己服务基层、回馈社会的抱负，能与西藏同胞，同呼吸，共命运，心连心，我满怀感恩，满怀欣喜。"至今，罗华盛仍旧坚守在志愿岗位上，始终不忘服务基层的初心，继续守护着普兰县群众的身体健康。

逐光公益，"以伴"同行

——线上助学青年志愿者龚旺①的故事

从贫困家庭的孩子，到一名大学生志愿者，再到公益组织的总干事，再到团中央表彰的志愿先进个人。他披星戴月，未忘初心，公益的种子从他的心中萌芽，他用真诚和努力浇灌，直到种子开花结果，他一直乐此不疲地行走在公益的道路上。

他是龚旺，是"有一分光，发一分热"的新时代中国青年。凝聚行善热忱，传递公益之光，一步一印皆是他的成长例证。

年少成名的大型采访与邀约

"在过去的4年里，我们在全国28省建立起了258所网校，累计培育了6万余名大学生志愿者，帮助了10万余名学生……"一个月前的广州市志愿服务交流会，以伴教育志愿服务队的负责人龚旺正在舞台上汇报志愿服务项目成果，此时台下的几台摄像机正在同步转播到广州广播电视台，面向全广州市的市民进行播放。

而在舞台的左下方，是以伴教育志愿服务队"云伴学"项目的展览摊位，摊位上坐着三个志愿服务队的女生。自服务队成立以来，她们第

---

① 龚旺，番禺区以伴青少年发展中心理事长，志愿服务时数近1500小时，致力于青少年陪伴关爱志愿服务，曾获"全国向上向善好青年""中国青年志愿者优秀个人"等荣誉称号。

一次参加如此大型的志愿服务交流会，都正自豪地看着台上的路演，因为龚旺曾跟她们说，她们的付出是极具意义与价值的，希望让更多的人看到。

因为展览摊位位置较偏，来往摊位的人并不多，但经过摊位的人总会驻足观看。每当成员为市民介绍项目成果时，总会遭到不少市民的质疑，因为常人很难相信这是他们一群大学生做出来的。就像有一次向省级单位递交汇报材料，被对接老师退回修改了好几次。后来，对接老师才暗示一直没有通过是因为质疑材料中数据的真实性。直到龚旺现场打开了手机中上百个志愿者微信群，以及录入志愿时过多导致系统崩溃的系统账号，老师这才打消了疑虑，对这群大学生刮目相看。

在龚旺路演完毕之后，几个前辈"堵"住了龚旺的摊位，纷纷向他们抛出了橄榄枝。有的希望今后能开展合作项目，有的想邀请龚旺到他们单位分享经验。龚旺和他的成员们，霎时间感受到了前所未有的关注与认可。以前，都是龚旺穿着西服，拎着公文包，梳一个成人发型，到一些企业单位争取支持；又或者是换上一个形象照头像，在微信扮装成一个有一定资历的人向一些企业老板争取资助支持。长期接触企业的经历，加上龚旺主修经济学专业，塑造了他以市场的高标准作为自己志愿服务项目的习惯。这次路演大家的关注让龚旺意识到，原来自己的团队在某些方面早已得到不少行业前辈和上级单位的认可了。

跟几个前辈交流得火热时，因为龚旺获得了中国青年志愿者优秀个人奖，一群媒体朋友又把龚旺"堵"到了舞台的一侧。在龚旺的印象中，这是采访明星才会有的名场面：面前正对着七八台摄像机，嘴边有五六个记者举着麦克风。虽然平时接受了成百上千次志愿者的提问，但第一次面对记者的提问，龚旺还是头脑一片空白了，以至于一个问题得靠记者引导好几次才回答得上来，跟平时简单干脆、直击要害的对话作风，形成了鲜明的对比。

在记者逐渐散去的时候，龚旺渐渐有了实感。对比此时还在宿舍打着游戏，或为未来感到迷茫的同学，龚旺不免感到有点飘飘然。但这个想法很快被打消了，因为他清楚地知道：他能够获得的所有关注与荣誉，并不只是来源于他自己，更多是团队成员并肩作战的成果，以及学校、社会和政府的大力扶持，而他自己，只是因为幸运，能够成为聚光灯下的那颗星。他想，既然目标是星辰大海，那么还有很远的一段路要走，需要不断努力、不断突破，所有的鲜花与掌声，只是他和团队奔赴星辰大海的一个加油站。

龚旺就是这样一名不忘初心的青年志愿者，正如他在朋友圈里面分享的那样：

我仍肤浅觉得，持续努力上进是人生最大的意义！

因为父母不会因为你是学生，就放缓变老的速度；

团队不会因为你是学生，就持续地跟着你走；

甲方不会因为你是学生，就降低对你的要求；

社会不会因为你是学生，就放过对你的"毒打"……

我想了想，大多数年轻人，标配都是拼命。不然，好像也剩不下什么很好的优势了。

希望我的2022，勤奋努力是自己的核心竞争力。

想收获，先付出；想进步，先谦逊；想幸运，先感恩。

关爱广州市外派扶贫干部活动启动仪式

穷也照样做公益

2018 年高考刚结束，龚旺在家乡成立了首支关爱困难学生的志愿服务队"云伴学"，但一直没有成效。让龚旺开始步入大众视野的却是在 2020 年。

2020 年，正值大二的龚旺看着新型冠状病毒感染者与日俱增，疫情地图不断变红加深，来自各行各业的人们纷纷挺身而出、并肩战斗、抗击疫情。龚旺深受感触，不停地思考："国家有难，我应该做些什么？"

"孤举者难起，众行者易趋。"凭借着一腔爱国热血和一份向善的信念，龚旺开始联系周边的同学朋友，希望为湖北的学生及医护人员子女提供公益"云伴学"服务，解决疫情地区高考学子学业与心理的双重压力问题和医护逆行者的后顾之忧。于是，龚旺凭借担任学生会副主席和年级级长的组织策划经验，写了一份有关公益"云伴学"的思维导图，开始通过微信群、朋友圈和私聊奔走相告。三天时间过去了，仍然没有人咨询。反而，很多质疑的声音出现了，不少人说他做得太理想化和简单化了，还有些人问他做这个能给什么报酬……一个接一个的怀疑声着实给他浇了一桶冷水。

龚旺开始冷静下来，仔细分析，将大问题和大困难不断拆解成小问题和小困难，从易到难逐一突破。没薪酬，那就想办法搞定志愿时和纪念品；理想化，那就把思维导图写成详细的计划书，把风险预案和关键步骤想好并一一列出；没有人响应，那就加大宣传力度、降低人数预期，先找几个学生"撸起袖子加油干"，做出效应。很快，龚旺凑齐了九个人，风风火火地就开始了。由于疫情严重的几个月恰好临近高考，龚旺和小伙伴们几乎每天处于睡眠不足的状态。每天五六点就起来看邮箱里的报名表，除了吃饭睡觉时间，就坐在电脑前面，生怕对接晚了耽误孩子们的高考。

　　停课不停学，由于大学生也需要上网课，很快，团队里的小伙伴眼睛就开始痛了起来。而龚旺自己，更是每天蹲在电脑前面回复信息。由于人手不够，龚旺只能把自己一个人当成几个人用。有一天深夜，龚旺腰部开始痛了起来，最后实在是痛得受不了了，只能冒着疫情的风险，冷雨夜坐着爸爸的十几年的摩托车到镇上的医院。没想到，镇上的医院到了深夜基本没人了，最后只能开个"腹可安"给他。

　　龚旺就这么强忍着，无数次他都痛到想叫出来，但还是强捂着肚子忍住了。就在这样的挣扎中，一个晚上过去了，第二天一早又是倾盆大雨。直到停雨后，龚旺才坐着父亲的老摩托车去县城，辗转了好几家医院后，终于有一家冒着风险接收了他。一会儿，检查结果出来了，原来是长了肾结石。龚旺一听结石就害怕了，印象中结石都是大病。还好医生告诉他，这不算大问题，只是这段时间长期熬夜和忘记喝水，所以得了这个年纪不该得的病，痛也正常，因为肾结石最痛的时候，快赶上生孩子的程度。

　　生理的疼痛，对人的影响是有限的，但心理的疼痛，却能彻底打破一个人的防线。"没这么大能力就不要办这么大的事""我一定要写举报

关爱广州市医护人员子女暑期公益研学营

信到你们校长邮箱""建议原地解散，大家都退出吧"……志愿服务队刚成立三个多月时，由于成员都是新手小白，加上人员规模和服务时长数据庞大，给志愿者录入的志愿时全部都没审核通过。刚好赶上学校评奖评优，志愿者们感觉自己的权益没得到保障，大家变得急躁起来，几百人的志愿者群迅速炸开了锅，还对龚旺开始了言语的攻击。那几天，龚旺和负责社群维护的小伙伴热情受到了打击。更有成员提出，我们做这样吃力不讨好的事情，真的有意义吗？龚旺也没有像往常一样给出一个斩钉截铁的答案。只知道，后面好几天无论怎么样，他就是提不起工作的劲头。

在大四的第一个学期结束后，寒假到来了。跟往常不一样的是，这是龚旺大学生涯中的最后一次寒假。跟往常一样的是，从县城到家中的最后15公里，依然没有直达的车辆能够接送自己回家。

从县城到村里家中的最后15公里，由县城的表哥开车接龚旺回家。虽然是表哥，但表哥的儿子小宇，却已经跟龚旺一样在读大四。龚旺跟小宇在高中做过短暂的同桌，后来，小宇上了中山大学，而龚旺上了广州大学。

在车上，表哥聊到，小宇很多高中的同学现在在实习，拿着月薪上万的工资，却依然感到焦虑，准备读研深造，而小宇也拿到了本校的保研名额。龚旺手里攥着一把冷汗，心里很清楚接下来的话题，却只好装作听不懂的样子附和着。

但终究还是没能逃过去，表哥前阵子在高中的学校公众号上，看到了对自己公益事迹的报道，说："能够积极参与志愿服务，为社会贡献价值，是很好的。但父母已经在田地里操劳了几十年，积蓄全给你读书了，你作为儿子，得替年迈的父母想一想啊，不能舍本逐末！"龚旺清楚地知道表哥会说些什么，但却不知道自己该说些什么。龚旺也清楚地知道，回家后，像表哥说的这样甚至更加尖锐的话语，一定不会少，但同样龚旺也不知道该如何应对。

大年三十那天，收到短信后，龚旺在镇上邮政局取了两个快递。一个是给留守儿童的捐赠证书，另一个是未知的神秘快递。龚旺当时还猜想是朋友寄来的新年礼物，没想到回家打开后竟是一封来自法院的传票。

73

由于一年前发布了一篇招募乡村支教志愿者的推文，涉及知名表情包的改编作品的使用，因未签订授权协议，被所在公司批量起诉了。在起诉状上，清晰地写着著作权侵权，索赔巨额 10 万元。在写着 10 万元的旁边，被画掉的"5 万元"三个字依然清晰可见。

龚旺一时间头脑一片空白，在房间紧急召集四名核心成员进行线上会议。由于一名在外出差，一名身体不舒服，最终只剩龚旺和另外一名女负责人小晴。看着陌生而又冰冷的诉讼材料，"7 天内提交地址确认书、15 天内提交答辩状、1 个月内提交证据清单"的紧迫时间，遥远的厦门管辖地，10 万元的巨额索赔，以及天眼查上原告近期密密麻麻的起诉与撤诉。小晴情绪一下子就失控了，焦急地流下了眼泪："之前明明微信上说好可以给我们使用的，现在却反过来起诉我们借此获利，连做公益的大学生也不放过，这些人怎么这样啊！接下来又是 7 天春节假期，律师事务所和法院都不上班，我们上哪里找律师，上哪里找 10 万块赔给他们啊……"

小晴在屏幕另一头情绪失控的时候，龚旺竟一时不知道该说些什么来安慰她，毕竟他的心情也没有比小晴好多少。龚旺好像也开始渐渐感受到，一些冰冷的社会现实，对一个涉世未深大学生的价值观是多么沉重的影响。

在房间外面，又或者说寒门的另一头，由于门上存在缝隙，并不隔音，时而进出大厅的母亲很快听到了。她很快把龚旺叫了出去："你在外面是不是惹什么大事了？为什么会收到法院的传票？"出于心虚和害怕家人担忧，龚旺本能地否认了一切："没什么事，那是帮别人代收的。""没什么事为什么会收到法院的传票？法院的传票为什么不发给别人偏偏要发给你！不用我操心？是不是因为做公益惹了什么事情？亲戚一个个都叫你好好学习，好好找工作，你偏偏不听，非要学人家做什么公益，这下出事了，家里哪有这么多钱给你赔！"

一时无言以对的龚旺，跑进房间，紧锁房门。房门的里面，只有他自己知道，看似理直气壮的表面，实际上只是想要逃避现实而已。亲戚的冷言、团队的崩溃、家人的争吵、巨额的索赔……在即将除夕的这一刻，竟然成了龚旺这一年中最无助、最懊恼的至暗时刻。

但最让龚旺印象深刻的是，在某项比赛打磨过程中遭受到的质疑与挑战。带队老师找了一个据说经验丰富的大老板过来，当龚旺自信满满地走下讲台后，台下的成员洋溢着满意的笑容，因为这是他路演状态最好的一次。但大老板听完路演后，面无表情地丢出了三个问题："你有女朋友吗？你家庭条件好吗？你现在一个月的收入有多少？"龚旺赶忙进入答辩的状态，诚恳地回答了大老板的问题。

没想到，大老板傲慢地说道："我所认识到能把公益做好的，要么是自己有条件，要么是家里有资源。你什么都没有，还想做公益？有钱的人做公益，那叫情怀；没钱的人，还是先把自个儿的经济问题解决了吧。"显然，这个大老板并不看好这个项目，场面一度变得尴尬了起来，由于大老板是被诚挚邀请过来的，现场老师、成员谁也不好插上一句话。

这时，三个月前跟一个校外合伙人分崩离析的画面，又在脑海里重现："穷你还做什么公益！"之前承诺的资金也没能兑现，龚旺和团队半

为困境青少年搭建阅读空间

年多的努力再一次打了水漂。自那以后，龚旺开始明白，要想改变别人的观念，不容易；但改变自己，用结果来说话，却会好用得多。

显然，此时的龚旺已经比三个月之前成长了，他告诉自己：没有人能够影响你，除了你自己。他回应道："老师，您说的有道理，正因为如此，我们一路走来着实不容易。但我相信，如若有您给我们指导建议，我们未来的日子一定能走少弯路。"

在一来一回的对话中，不管大老板的话再怎么刺耳难听，也被龚旺圆滑地接了过去。最后，大老板实在是没什么好说了，只能一五一十提出了改进的建议。"宝剑锋从磨砺出，梅花香自苦寒来。"自那以后，龚旺和他的项目双双得到了大幅提升。

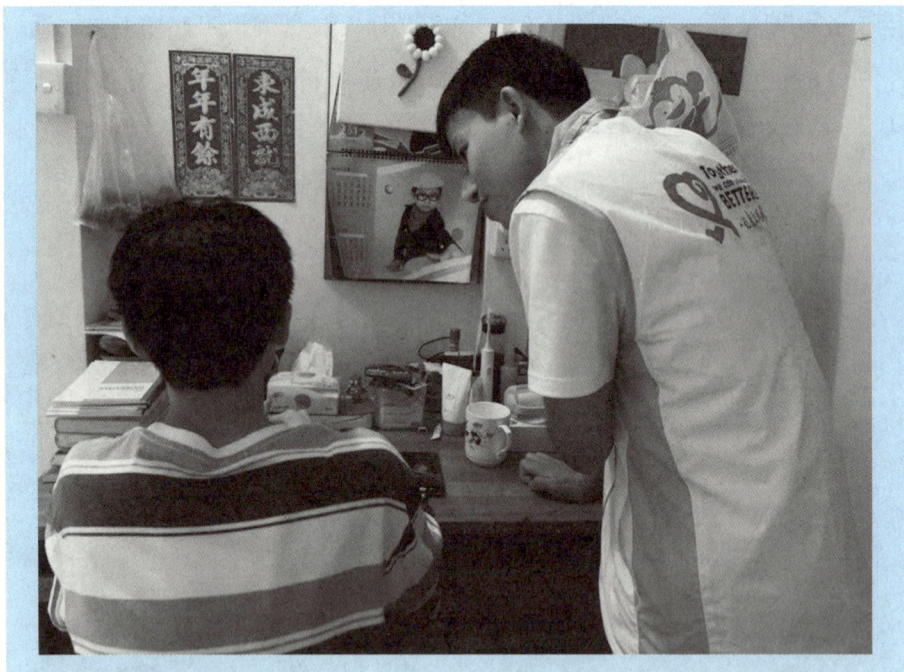

探访困难青少年

让自己去成为自己

从小学到大学，龚旺都是读寄宿学校，形成了独立自主的风格。无论是升学、选专业，父母都尊重他的意见。如今又到了抉择的路口，父母几次打电话问毕业去向，每一次电话里，无不透露着父母的担忧和焦虑。

一开始，害怕父母担心，龚旺只能按着父母的心意敷衍过去，称已经找到了很好的工作。后来，随着父母问得越来越频繁，询问他是在上课，还是在实习？在哪家公司实习？虽然没有明说，但龚旺心里清楚，父母这是在试探他找到了工作的真假。

一个朋友曾经问他："你怎么处理自己现在的状态与父母期待之间的关系？"龚旺回复说："我感觉我的处理方式可能有点懈怠。比如说面对家人的一个问题，当沟通成本比较高的时候，我会选择暂时回避。当我已经觉得这件事成为我内心当中坚定的一个选择，而且我也能够为我的选择负责的时候，我更加坚持用结果说话。"

每每再上一个台阶，龚旺总是感到无比的自信；但一旦迎来挫折的时候，回看这段话，他又感到无比的心虚与无助。有时候，前一天还处于极度自信的状态，第二天就开始进入无助，这个时候，往往挣扎无助的感觉比前者更深刻。大学四年中，无不透露着他固执又矛盾的一面。处理学习与工作，无不显露着他成长型思维的一面；但处理家庭关系时，他却还保留着固定性思维的一面，你很难想象这是同一个人。

过去，龚旺把"清醒时多做事，糊涂时多读书"这句话贯彻到了极致，每每感到迷茫与无助的时候，龚旺就会拿起书来读。直到后面，随着面临的问题越来越多，他发现并不总是能凭借一己之力去解决问题。于是，他改变策略，开始到一些公益前辈那拜访交流，希望找到问题的解决方案。在持之以恒的积累下，龚旺发现，自己的问题总是围绕人才、造血、资源来展开。前辈们给的答案，也都莫名地一致：这些问题都会经历，只有在实践中不断总结创新才能解决。看到很多经营了十几年的团队，依然还面临着同样的问题，龚旺无数次行走在崩溃的边缘。崩溃了，就往前辈那吐吐苦水；恢复了，就继续带领团队往前走。

不少个深夜里，龚旺问自己：为什么做公益？又为何而坚持？龚旺初三时，曾接受师姐的线上义教，得以保送省重点高中，为后面考上大学打下了坚实的基础。上高中，是龚旺人生第一次离开县城，生活成本大幅增加。而就在高二的时候，母亲因为肠胃疾病做了一场大手术，耗费大量费用的同时，家里的经济来源也立马减半。就在全家一筹莫展的时候，驻村干部帮忙申请了大病补助和学校的助学金，帮家里度过了最困难的阶段。经历了那两次关键的节点之后，龚旺便立志，无论今后从事什么职业，一定要感恩社会、回馈社会。

一开始，龚旺选择经济学专业时，想法非常简单质朴，希望能学好这个专业，给家里多挣点钱。但直到有一天，龚旺看到弃美归国的施一公说的一段话：当所有精英都争着做金融，教育就出了大问题。龚旺深知，全国还有千千万万个像他一样出身的孩子，却不像他一样幸运能走

为流动青少年开展线下陪伴营

出大山。虽然他不能像施一公一样，去参与科学研究，为国家的科学事业做出巨大贡献。但如果自己真有骨气、真有抱负，完全可以也应该像张桂梅校长一样，尽自己所能，去改变社会，让更多的孩子享受向上的引领。龚旺似乎找到了自己真正的专业使命。龚旺印象深刻，开学典礼的时候学院的一位老师曾说："读经济类的学生要经世致用，济民兴邦。"

大学 4 年一路走来，龚旺发现现实总是骨感的。毕业之后，很多人都去了银行、去了证券，还有一些同学因为就业焦虑、学历焦虑，选择了考公务员和考研。

并不是说这些选择不好，而是他发现，不少年轻人身上逐渐褪去了新时代青年该有的光彩与活力。想到这里，龚旺毅然放弃了保研推免的机会，注册了民办非企业单位，投入到了公益创业的过程中，去承担自己的社会责任。像他的偶像张桂梅成为张校长那般，让龚旺去成为龚旺他自己……

大学期间，龚旺个人及所在团队也曾获得众多荣誉，学习、创业、公益，无论哪一个方面，他都尽己所能，做到最好。如今我们所看到的闪闪发光的龚旺，正是曾经那一个个埋头素服的日子里"打磨"出来的，所幸星光不负追梦人，成长的这些年他一路奔跑，也一路收获。

且看少年芳华，助力国之成长

——西部助农青年志愿者李瑜①的故事

"到西部去，到基层去，到祖国最需要的地方去……路在脚下，心是火炬，建功啊立业大志不移……"当歌曲《到西部去》的激昂节奏响起，总会让李瑜心潮澎湃，因为她也是一名大学生西部计划志愿者。

阳光开朗正青春的她把基层作为最好的课堂，把实践作为最好的老师，在美丽的新疆绽放自己闪耀的青春之花。

青春不磨砺如何出彩？

大学期间，她是班长兼团支部书记、是年级级长、是学院形象礼仪工作室成员、是学院辩论队队员、是学校中国特色社会主义学习会秘书处干部、是共青团广州商学院委员会秘书处副秘书长。她是大学里的"斜杠青年"，身兼多职的她，从不觉得辛苦，对于她而言，年轻就应该多尝试、多实践，努力成为更优秀的自己。

作为一名青年，如何处理个人与集体、个人与社会的关系是李瑜学生时期思考最多的问题。担任学生干部，不仅仅是要实现个人能力的提

---

① 李瑜，大学生志愿服务西部计划 2020—2022 年度全国项目志愿者，服务于新疆维吾尔自治区喀什地区叶城县援疆指挥部，志愿服务时数超 4100 小时，在此期间参与了各类志愿活动，扎根新疆基层工作，亲历边疆地区的扶贫成果和发展，曾荣获"大学生志愿服务西部计划全国项目优秀志愿者"、优秀服务奖等荣誉称号。

升，更重要的是，李瑜一直在想，我能为班级、学校做出什么贡献？她积极地为集体荣誉努力，默默地做好自己的工作，为集体的建设默默地注入自己的力量。但这是不是就是我能做到的全部呢？李瑜在寻找着更广阔的舞台发挥青春力量。于是她把目光投向祖国的大地上。

在大一暑假时，李瑜毫不犹豫就加入了"广商晨曦筑梦服务队"参与到"三下乡"社会实践活动中。2017 年 7 月 9 日，李瑜踏上了去往新成小学的大巴。短短的 12 天时间里，给李瑜留下了很深的触动。"'三下乡'很辛苦，为什么要去？"面对着朋友的疑问，李瑜浅浅一笑，青春不磨砺如何出彩？

"三下乡"社会实践活动中，李瑜与其他大学生们所要做的事并不复杂。在下乡的地方，山路崎岖，尘土扑面，每日有不少的大卡车经过，孩子们上学也出现安全隐患，为了确保孩子们安全回家，李瑜等支教老师承担着护送学生回家的责任，即使山路再难走、路程再远，李瑜也不觉得辛苦，放学集合排队的时候，学生们最期盼的不是早点放学，而是他们与小老师讲述的悄悄话，"老师，今晚能送我回家吗？""老师，今晚能来我家家访吗？"看着他们这么纯真的小眼神，李瑜无法拒绝小朋友的请求，即使再远再累李瑜也依旧坚持。除了护送孩子回家外，李瑜还会主动到学生家中了解情况，为精准扶贫出谋划策，为较为贫困的家庭提供米、油、麦片等物资。

那年夏天最热的时候气温高达 34 ℃，而教室里只有一台吊扇，可这丝毫不影响学生们学习的热情。那节课是阅读课，他们在这种环境下，依然安安静静地阅读着捐赠来的课外名著等书籍。

在下乡的马路上、学生的家里、上课的教室里，一幕幕的小场景都给李瑜留下了难忘的印象，让她真正地成长起来。"让人成熟的不是岁月，而是经历。"从不适应到舍不得，从手忙脚乱到井然有序。12 天的相处日子，一群人同一条心，为了更好前进着，288 小时，17280 分钟，都是那年"三下乡"最珍贵的记忆。

慢慢地，她有自己的目标，有自己的坚持，也有自己前行的力量，对青春、责任、使命也有了更加清晰的理解。

强国青年的人生道路选择

这个时代的青年是幸运的。中国正处于历史上最好的时期，经济快速发展、社会长期稳定，国家强盛成为这一代青年成长发展最为鲜明的时代背景，也给青年的人生道路选择留下了深刻的印记。

李瑜读大四这一年，正值新中国成立70周年的盛大庆典，举国上下都在给祖国母亲准备礼物，五星红旗在全国各地飘扬、乒乓球亚锦赛国家乒乓球队包揽全部7项冠军、中国女排八连胜和"金凤凰"北京大兴国际机场的投运等等，祖国的强大兴盛让李瑜无比的激动。她深知，能生长在这样一个伟大的新时代，是何其的幸运与自豪。

大四，即将要从学校步入社会，迈入人生发展的另一阶段，也是在这一年，李瑜光荣地成为一名中共党员。政治身份的转变意味着什么？我的未来人生之路应该如何行进才能无愧于这个时代给予我们的机遇和平台？站在人生的十字路口上，李瑜做出了一个让人非常意外的选择。毕业前李瑜还有一份不错的实习工作，在他人看来，李瑜应该跟其他同学一样加入自己相关专业的行业，选择一条平坦舒适的人生发展道路。但面对西部计划，李瑜明确了她的人生选择，跳出自己的舒适圈，选择了离家万里的新疆。

其实，参加西部计划，对李瑜来说并非一时冲动。"我的外公是退役军人，爸爸是党员，从小他们就教育我长大后要奉献国家，要做对社会有用的人"，在李瑜的成长中，这种"要做有用的人"的理念就一直扎根在她的心里。大学期间，李瑜作为团学干部，组织过许多精彩的活动，参加过很多难忘的志愿服务，也在其中收获了一种名为"奉献"的快乐。"大二的时候，我就听过西部计划的宣讲会，那时被师姐讲的志愿服务故事深深吸引了。我从小就有好奇心，也喜欢挑战自己，更想追寻星辰大海，做点有意义的事。"2020年新冠疫情发生后，中国青年志愿者展现了青春风采，贡献了青年力量，激发出作为青年一代的奋斗激情，看着越来越多的优秀青年到祖国广阔的大地上的各个领域去挥洒青春热血，"尽己可能，奉献力量"的朴素愿望就已经深深地扎根在李瑜的心里。

所以，当西部计划的面试官问道："如果去到以后发现和自己想象中的不一样，你会如何面对？"李瑜回答："既然选择了，就要坚持下去，无论面对怎样的困难，自己都要努力克服解决。"这不仅是因为李瑜一直以来所坚持认为的"青春不磨砺如何出彩"，更重要的是，她认识到国家的强大兴盛离不开青年，趁年轻，就应该为国家做出贡献，正如我国著名诗人陆游所言的"位卑未敢忘忧国"。

以梦为马做行动的"巨人"

奔向梦想之地

在前往新疆之前，这片远在万里的国土，对李瑜来说是陌生的，电视里、课本上的新疆是美丽的，也是神秘的，李瑜既充满着去开拓一段新历程的兴奋，但又对于当地迥异的民风民俗、语言习惯等有一丝担忧。

伴随着复杂的情绪，2020年9月，李瑜从广州出发，坐飞机再转火车，再换汽车，穿过一片又一片荒凉的戈壁滩，望着戈壁滩上零星的灰扑扑的羊羔，以及被风沙糊住玻璃的土坯房，虽然对于这里的生活环境也有一些心理准备，但眼前的情景还是让李瑜有些意外。坐在颠簸的汽车里，李瑜的思绪也起伏万千，她思考着自己放弃内地沿海地区的发展机会而选择来到新疆是否正确，自己是否有足够的勇气与毅力在戈壁滩里工作和生活……奔波了整整一天，她终于来到距离家乡5500多公里的新疆维吾尔自治区喀什地区叶城县。

初到喀什，李瑜确实遇到了很多问题。一是气候问题，喀什地区与广东气候相差很大，当地气候干燥，年降水量10余厘米，早晚温差大，一年有1/3的时间会有沙尘暴；二是饮食问题，当地人以羊肉、牛肉为主食，基本不吃青菜；三是语言沟通问题，跟当地维吾尔族人交流时，他们是以维吾尔语为主，很多年长的人只会说维吾尔语，不会说汉语；四是角色转变问题，李瑜从一名应届大学毕业生到志愿者和基层工作者的身份转变。

但当双脚真真正正踏上边疆土地的那一刻，路上的迷茫开始逐步消退，更多的是对这片土地真正的惊叹和激动。虽然这里沙漠戈壁滩多、气候干燥，但这里有壮丽的风光和热情的人民，历史的厚重和自然的壮美碰撞交融，传统文化与现代化发展相交融通。"新疆是个好地方，但很多人没来过新疆，不能真正了解新疆。"既然来了，就应该好好干，不能忘记自己为什么而来，李瑜在心里默默地为自己加油鼓劲。

在新疆，李瑜参与了文化旅游和宣传的工作任务。参与"勇者新藏，魅力叶城"新藏线极致骑行公益赛出征仪式；克服海拔高、气候不适应等困难，赴柯克亚乡和西合休乡考察新藏线旅游基础设施"新藏驿站"建设项目，协助做好项目勘察、测绘、论证、方案设计和协调等前期准备工作；了解打造旅游"驿站"，拉动旅游促进脱贫；等等，这些工作与校园里的学生干部工作有很大的不同，面对着的都是实实在在的群众服务工作，这让她更深地感受到行动带来的真实改变。

直播带货初体验

"欢迎大家来到我们的直播间，我们叶城的'红宝石'石榴，分量大，汁水足，真的非常好吃……"在抖音上一个助农的直播间里，李瑜身穿志愿者服装，带着甜美的笑容，拿出又红又大的叶城石榴在叫卖……今年是她作为"西部计划"志愿者在新疆的第二年，而这次则是她从幕后走到台前的初尝试——为叶城当地农户在网络平台上直播带货，推销新疆叶城优质农产品。

李瑜流畅地向直播间的网友介绍着叶城石榴的风味、种植历史、产销价格，一边还关注着弹幕，随时解答网友的提问，熟练得让人难以想到她是被临时拉过去做直播的，竟然讲得有声有色、头头是道。

"同为西部计划志愿者的师弟师妹们在做这个带货直播，邀请我们来看看。我本来是打算过来看看石榴园是怎样的，顺道买些石榴寄回家，没想到他们让我试试直播。"李瑜回忆起这段经历时，眼睛亮闪闪的，满脸的喜悦和成就感。

那天她坐了 40 分钟左右的车程来到伯西热克乡 15 村里的石榴园，一下车就看见满田的石榴树上都结着饱满的果实，李瑜很兴奋，用她自己的话来说，"我从没见过这么大的一片果树林，一望无际，树上的石榴有的比我脸还大，特别新奇，所以我也希望自己能做些什么。"

叶城被称为"石榴之乡"，拥有悠久的石榴种植历史。独特的天气优势，日照时间长，昼夜温差大，孕育出了清爽可口、甜美多汁的石榴果实。每年丰收的时候，当地果农会组成互助小组，将像"红宝石"一样的石榴"颗粒归仓"。近几年，在当地政府的带领下，叶城石榴开发了多渠道销售模式，其中网络直播更是以其"实时交流、直观生动"的特点，为叶城县果农打开了一扇"对外的窗"。

李瑜作为西部计划志愿者，服务于当地的上海援疆指挥部，将叶城当地特色农副产品推销出去，她认为这是她日常工作的一部分，也是她的责任使命，"新疆很多农副产品品质都特别好，我们很想帮助当地农民把产品推销出去，促进农民增收，巩固脱贫攻坚成果，推动实现乡村振兴"。

直播带货石榴

在当地农户以往的直播带货中，常常会因为语言表达等方面的问题，出现收看人数少、推销效果弱的问题，"我们西部计划志愿者点对点帮助农户直播，要先熟悉产品的特性，然后才能更清晰生动地向网友推介产品，及时回答他们关心的问题"，在李瑜的第一次直播里，除了介绍石榴的口味，她还提了叶城种植石榴的历史、石榴的吃法等，力求讲好叶城石榴的故事，增加直播的趣味性。

"我们的直播还挺有成效的，刚开始的直播间只有不到 10 个人，渐渐地来了几百人，最后竟卖出了 1200 多斤石榴。"未来有机会的话，李瑜表示还会继续参与到直播助农的活动中，"我们想将新疆的产品更好地销往全国各地"。

我们可以做得更多

从沿海发达地区到祖国西部边陲，从绿树成荫的夏天到白雪皑皑的冬天，李瑜已经在喀什服务两年了，直播带货卖石榴只是李瑜日常工作中的一个缩影。她在喀什的服务工作包括协助完成全县消费帮扶、开展文化润疆、推动旅游宣传，以及文稿起草、文书处理、档案管理、组织会务等工作，她每天都过得很充实，工作成效也很显著，比如她协助的消费帮扶工作在喀什地区考核中名列前茅，参与的宣传信息等工作得到领导的肯定等。这些成绩见证了她在日常工作过程中所得到的成长、锻炼和收获，特别是工作中能很好地发挥她的能力和优势，让她更有获得感。

2020 年 11 月，正值决战决胜脱贫攻坚全面胜利的冲刺阶段，长期在部门办公室工作的李瑜跟随单位队伍一同下乡考察乡情民情，并承担了调研摄影、信息起草等工作。在调研过程中，看着手中的照片，对比着村民们今昔的生活环境，看到老乡们快乐开怀的笑容，她真正体会到自己服务的价值。

"我们帮助当地做文旅宣传、推介产品，帮助他们脱贫致富，亲眼看着老百姓的房子更亮堂、生活环境更好了，那一刻我真的很开心，也很自豪。"20 多岁的李瑜，亲历着乡村振兴的发展，感受着老乡们对未来充满期待的目光，她觉得这是自己作为这一代强国青年的使命与责任。

　　除了单位的工作以外，李瑜等西部计划志愿者们还积极响应当地团委项目办进行的志愿活动。叶城县是核桃种植大县，全县 58 万亩核桃树。在 2020 年 9 月核桃丰收的季节，新疆的疫情让这些原本畅销的核桃成为滞销的农产品，她说："我们刚到叶城，就发挥志愿服务的作用，为村里的贫困户销售核桃，全县志愿者累计销售数是以吨为单位计算的，销往了全国各地。"

　　在叶城县服务的两年，每一年植树节的活动李瑜都没有错过，积极加入到队伍中去。叶城县动员全县单位部门一起参与植树活动，她和单位的同事来到距离市区 1 小时左右路程的戈壁滩上，尽管当天早上刮大风、中午太阳暴晒，但依然没有阻挡大家在戈壁滩上认真拉线测距离、打埂子、挖坑、种下小树苗等一系列的种树过程，留下的不仅仅是汗水，更是多年后成长起来的绿荫，李瑜为自己能在戈壁滩上留下足迹感到快乐和满足。

　　除了植树，李瑜还参加由团委项目办组织的叶城县康复中心墙绘活动，大家齐心协力把长满铁锈的大门清洁干净，然后由一位学美术的志愿者打好草图、勾勒出图案，最后涂颜料上色，给大门重新穿上了色彩缤纷的新衣服，看着焕然一新的大门，康复中心里面的孩子们不自觉地伫立欣赏，李瑜顿时觉得一切努力都没有白费。

在新疆学校开展活动

在"三八"妇女节当天，李瑜积极参与到"三八"维权周"建设法治中国·巾帼在行动"宣传活动中，她随其他志愿者、当地公安民警和法院干警们，通过发放宣传单和现场互动的形式，一同向广大群众宣传《民法典》《禁毒法》《妇女权益保障法》《反家庭暴力法》《未成年人保护法》等相关法律法规。她在宣传的同时也学习着警察讲的实际案例，以通俗易懂的语言解答了群众关于家庭暴力、婚姻纠纷、邻里矛盾等方面的法律问题，引导群众运用合法手段解决矛盾纠纷，让法治精神在群众生活中生根发芽。此举更是增强了广大妇女的法律意识，提升妇女的维权能力，引导女同胞们在平等、尊重、互爱的基础上建立和谐、文明、向上的良好家风。李瑜说："自己在过节的同时也向妇女同胞们普及了非常多的法律知识，这个节过得意义深刻。"

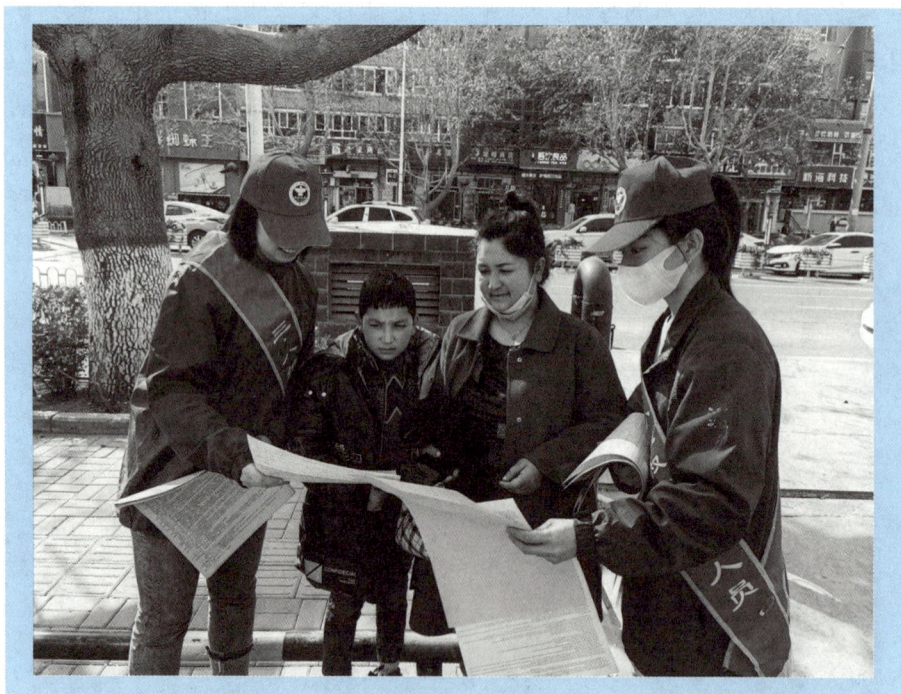

"三八"妇女节在街头宣传法律知识

"六一"儿童节开展的圆梦微心愿捐赠仪式，她和其他志愿者们一起走近、帮助特殊儿童，认领了叶城县特殊教育学校包括篮球、羽毛球、乒乓球、文具和衣物等学习生活用品，共 78 个微心愿。李瑜所认领微心愿的小朋友叫艾合买提·买买提，是一名听障儿童，尽管在语言交流上会存在一些困难，但在捐赠仪式的表演活动上，艾合买提热情地邀请李瑜一起跳维吾尔族的舞蹈，还有其他志愿者和他们认领微心愿的小朋友们，大家一起在学校里高歌热舞，整个特殊学校都充满着欢声笑语，让这些"星星的孩子们"度过了一个欢乐"六一"节。

新疆的"广东老火汤"

在新疆的每一天都是忙碌而充实的，李瑜经常会因为成功开展了一项工作而欣喜不已，也会看到自己的点滴成长而更加有自信。但在新疆的工作也并非一帆风顺，有突然遇到的沙尘暴天气，也有遇到语言不通的困难，有工作中的委屈，也有节假日想念亲人的孤独，有同事朋友间的误解误会，也有偶尔出现的身体不适……但在这里，李瑜拥有了一群志同道合的伙伴，来自西部计划的广东志愿者们通过各种渠道互相支持鼓励打气。曾培琼是李瑜的室友，也是西部计划的广东志愿者，平时遇到工作和生活上的难题，李瑜和曾培琼会在一起探讨，你一句我一句，解决了很多碰到的困难。平时她们两个小姐妹还会一起在宿舍做菜煲汤，熟悉的广东汤水味道，成为他们克服异地工作困难的重要支撑。在节假日的时候，青年志愿者们经常组织聚会，分享着工作的点滴，度过中秋佳节的时候，"广东团省委还给我们寄了月饼，让我们感受到了后方对我们的关心，心窝总是暖暖的"。身在远方，但随时都能感受到来自家乡的味道、家乡的关怀，更让李瑜觉得她并非"孤勇者"，她并不孤单，志愿的路上总有一些人相互地扶持着，无论在多远的地方，背后都有着最为强大的支持。

只问使命，无问西东

爱心是志愿者最好的舞台，奉献是志愿者最美的语言。"我把青春融进祖国的山河，山知道我，江河知道我。"作为她的座右铭，李瑜早已将自己融入了祖国的大好河山，仰望星空，即使身处他乡，也并不能阻挡她前进的步伐，消磨不了她奋斗的意志，更改变不了她的初衷。她用实际行动把祖国和人民的需要作为人生追求，到基层锻炼成长，在西部扎根奉献，为实现自己的人生价值，努力让自己的青春梦与中国梦一同实现。

总结过去参与过的志愿服务，李瑜认为是踏实而难忘的，是丰富且充实的，参加的许多志愿活动可能只是她为祖国所做的一件件力所能及的小事。

在与李瑜的对话中，李瑜说道："身在基层工作，没有太过轰轰烈烈、披荆斩棘的故事。可是在西部，每天都可以收获'拆盲盒'的工作惊喜。未来的话，我会继续努力工作，把志愿服务落到实处，进一步探寻自己的价值和来这里的意义。"

"到西部去，到基层去，到祖国和人民最需要的地方去"，这是西部计划志愿者的口号，然而李瑜去到了新疆更加深切地体会到，这不仅仅是一句口号，更是要用行动去践行的志愿者精神，是为新疆的社会稳定和长治久安贡献的青春力量。青春不会老去，梦想更不会老去，梦就在前方，追梦的李瑜永远在路上，为美好而共勉。"我时常为我有幸来到南疆叶城，特别是加入到西部大家庭感到幸福。"李瑜感慨道。

在新疆学校活动与学生留影

在第一个百年奋斗目标决胜期时，李瑜饱含青年朝气奔赴新疆，亲身经历了伟大脱贫攻坚战，亲身感悟了建党百年的至上荣光，亲身投入到第二个百年奋斗目标的宏伟征程中。在这个特殊的历史时期，她为自己是一名西部计划志愿者感到自豪，生逢盛世，唯有不负盛世。

"我将牢记总书记'致广大而尽精微'的殷殷嘱托，坚定不移听党话、跟党走，用脚步丈量祖国大地，用眼睛发现中国精神，用耳朵倾听人民呼声，用内心感应时代脉搏，把对祖国血浓于水、与人民同呼吸共命运的情感贯穿在我的成长全过程、融汇在我孜孜不倦的事业追求中，努力成长为堪当民族复兴重任的时代新人。"选择投身西部基层志愿服务工作，她不怕苦、不怕累，在西部这片热土奋斗锤炼本领，磨砺增长才干。她坚定自己的誓言："我将不负所望，展现出新时代中国青年的风貌和担当，让青春之光闪耀在新疆。"

穿越人海，从不懈怠，携青春向你走来，跨越过星辰大海。相信李瑜会在祖国这座边陲城市——新疆喀什叶城，书写出不一样的青春时代，让青春在祖国和人民最需要的地方绽放绚丽之花。

起而行之，方乃青年

——"蓝信封"青年志愿者陈彩娇①的故事

娇哥，全名陈彩娇，蓝信封合伙人。蓝信封留守儿童关爱中心是一家专注于乡村儿童心理帮扶的专业公益机构。在蓝信封的十年间，从志愿者（2013）、实习生（2016）、全职（2017）到合伙人（2020），娇哥一直坚守着"起而行之，方乃青年"的信念，以蓝信封为平台挥洒青春的热血。

娇哥是一个时刻充满着活力的青年，时常是一头利落的短发，看上去洒脱肆意，好像你还没顾得上和她打声招呼，她就已经大步往前走去，留给你一个帅气的背影。而一旦接近，却看见她眼神里温柔似水，真诚地听着你的每一个字腔。可无论是帅气还是温柔，都很难想到她心里会有那么大一团追求光明与正义的炙热火焰，在现实中曲曲折折地走了那么久，虽然犹豫与困惑没有停过，却从没有一段险路、一场暴雨能消磨她的信念。

从"留守儿童"开始

2013 年的那个秋天，刚踏进大学校门的娇哥在迎来校园新生活时，被一张传单深深地触动了，这是来自蓝信封的传单，当"留守儿童"四

---

① 陈彩娇，广州市海珠区青联委员，广州市海珠区蓝信封留守儿童关爱中心党支部书记，助理总干事，志愿服务时数约 2500 小时。从 2013 年开始参与志愿服务，到全职从事志愿服务工作，一路走来，深受蓝信封"起而行之，方乃青年"理念的影响，从青年成长层面，致力于打造蓝信封志愿者社群运营的平台。

个字进入了她的眼睛时，童年时期亲身经历的留守儿童故事再次牵动了她的思绪。

在娇哥还年幼的时候，姑姑一家外出打工，爸爸不忍心表弟独自留守，就将其接到了家里。家里突然多了一个"弟弟"，年幼的娇哥只看见有人抢走了自己的爱，一有机会就要给表弟一些小难堪。直到初中，随着对留守儿童认识的增多，娇哥慢慢地意识到自己儿时的行为是多么的幼稚。所以当娇哥看到蓝信封的传单时，她毫不犹豫地申请加入蓝信封，成为蓝信封华南师大分校区团队的一员。

从 2013 年到 2015 年，娇哥六次往返蓝信封项目地，一步一个脚印地和留守孩子接触，将大学生志愿者的每一封信带到了身在远方的孩子……娇哥几乎把全部时间都给了蓝信封，但却一直都无法回答自己的疑问：一封信真的就能改变孩子吗？大学生只是写信的工具吗？我投入了这么多，真的有价值吗？

真的有价值吗？

在娇哥大一的寒假，蓝信封其他高校团队要去项目学校开展冬令营以及为第二年招募新的通信孩子，邀请其他校区团队成员同行，娇哥当即决定参与。期末考试却很晚才结束，庆幸的是还有一名队员与娇哥作伴前往。搭乘春运过夜火车站票经过了漫长的路程，跟已经开展活动的大部队会合后，娇哥发现非本校成员只有娇哥一人。娇哥有些拘谨，虽然跟孩子也玩得开心，但心中却怀揣着越来越大的困惑。她的心里浮起了许多疑问：团队花这么多人力物力投入到一次短暂的冬令营活动中，活动的目标是什么？为什么设置书信项目以外的其他活动，它与书信项目的关系是什么？虽然每年每届高校团队的经验传承都很充足，以老带新，让团队能够很好地把项目和活动顺利开展，但是大家又是否明白自己为什么要做这件事情？事前按照经验循规蹈矩筹备，项目执行中与孩子的深入交流，懵懵懂懂地感知着留守孩子因父母不能陪伴在旁的孤独与无奈，活动结束后残留下的因某些特殊孩子的困境带给自己的触动和无力。似乎除此之外，并没有带来什么其他改变？

娇哥作为其中的服务者，真切地感受到处于困境的留守儿童的无奈与痛苦，却最后只能就此离开，似乎难以给留守儿童带来任何实质性的改变，娇哥深深地感受一种无力感，这或许是许多走到留守儿童身边的青年志愿者的真切体会。每次离开项目学校的最后一夜，总有队员不眠，回程的车上，也总有默默在哭泣的队友，回归到自己熟悉的环境后，也不乏一小部分队员慢慢"潜水"甚至退出队伍。娇哥由衷地感到，青年志愿者在走进孩子中的所思所见所感和项目的价值层面，不仅是留守儿童，同样作为服务提供者的青年志愿者们也需要被看见和被支持，而不是带着这样的困惑和无力，一直陷在自己的思想困境中。一些青年志愿者可能就因为没有适时的支持和引导，陷进死胡同中，最终激情消去，又快速把自己抽身离去，甚至选择了远离这一项目。

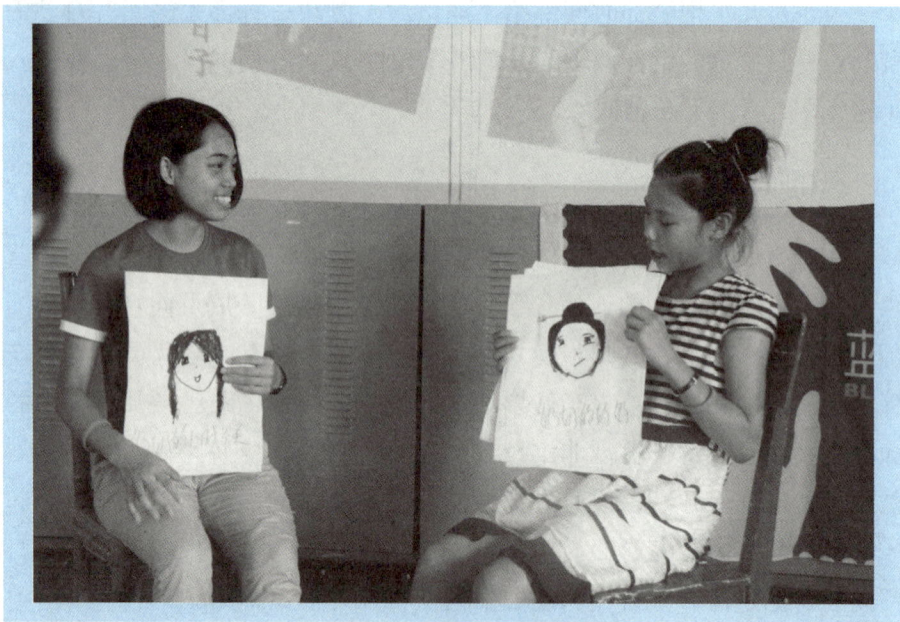

蓝信封夏令营：陪伴小朋友展示画作

怎样才给心中的疑惑找到答案？带着这样的困惑和执拗，娇哥继续参与到春节后她所负责的项目学校中去开展新一期的活动，以及回访上一期服务对象项目参与成效。这次跟孩子也有不少一对一的深入对话，慢慢地看到孩子的各种情况，了解越多，越为他们的不幸感到难过和无力，也越感到自己所做的渺小。在学校，团队搞项目宣传、通信志愿者招募、培训、通信管理等，跟通信志愿者也接触不少。孩子来信后，娇哥更是直接拿着信件亲自送到志愿者手中，希望多与志愿者交流，但依然不能解决她的困惑。

坚守以探寻答案

就这样，虽然对于项目价值意义带着困惑，但娇哥还是选择了坚守，在全身心地投入执行中度过了第一年。因为在困惑的同时，娇哥也被身边的一群青年志愿者感动着。大家都有着纯粹的共同目标，在用自己的热忱与激情为留守孩子们服务，极其认真负责。团队常常为如何做好某一小环节而无休止地交流和争论，常常聚到一起热议时事。团队成员的社会情怀与实干责任，令娇哥动容，不自觉想要靠得更近，这是娇哥从未能感受到的氛围。正是被这样的一群人感动着，娇哥一直坚持着为心中的困惑寻找答案。于是，娇哥选择了作为队长继续留在蓝信封去寻找心中疑问的答案。两年里，娇哥去了六次蓝信封项目学校，而一般成员的平均次数一般在两次以内。逗留的时长也从三五天到半个月，只想跟孩子和志愿者多些接触。有疑问，就行动起来去寻找答案，"起而行之，方乃青年"的蓝信封精神激励着娇哥一次又一次地踏上了寻找答案之路。

在一次蓝信封突然组织起来的夏令营中，她放下了手中的一切安排紧急奔赴蓝信封活动。这是一次让娇哥印象非常深刻的主题口述史夏令营。青年志愿者与孩子一对一配对，一起做田野调查。在和孩子的一对一深度接触中，看到孩子不同程度地存在一些问题。让娇哥感触很深的一点是，孩子缺乏倾听者，也不善于表达自己的情感，但又会通过自己的方式来制造存在感，让别人来关注自己。娇哥跟孩子做完一些活动后，每一次都习惯地问孩子感觉怎样。开始娇哥以为孩子是跟她还不熟，讲话害羞，但过几天熟悉了，孩子还是一样的答复"没什么"，但相比而言，孩子的声音表情却是如此的丰富。在平常的生活状态中，常常关注他们感受的人应该不多，他们也就不习惯于别人突然如此细腻地关心自己的感受。但是他们却同任何人一样会在一定程度上敏感于自己的存在，会通过自己的方式来制造属于自己的存在感。与娇哥配对的留守儿童平时看起来比较傲气，娇哥原本以为她不屑跟别人比较。没想到的是，分享会的台下，她不停问娇哥是台上其他人的表演好还是自己的精彩，也不满于娇哥给别人的掌声大于给她自己的掌声。她在通过与他人的比较来希望获得肯定。

从一次次与留守儿童的"亲密"接触后，娇哥从书信项目的价值意义探索，慢慢延展到更深度地接触乡村环境、留守孩子与农村教育等等，心里也逐渐在想着自己还要做更多，还要更拼命地投入。娇哥急切地投入，也迫不及待地想要看见效果，但现实问题的解决总是路漫漫，娇哥在服务中产生的无力感和迷茫不减反增了。痛苦之下，她报名成为"微辣"青年的实习生。"微辣"青年是一家专注于青年社会性成长，激发青年社会创新的公益机构，致力于"支持青年用兴趣、专业，创新有效地解决真实的社会问题"，究竟怎么支持？怎么解决？娇哥渴望着在志愿服务开展中遇到的困惑和迷茫能够在"微辣"中找到答案。

走进公益行动的大世界

来"微辣"实习前的那个暑假，娇哥去了政府单位实习，为了真正进入基层，她从党办主动申请调到街道办下面的居委会。上班附近机关单位许多，偶尔会撞见经济纠纷、举牌抗议。很多时候，娇哥就在同一条街上撕小广告。虽然明白这也是需要有人维护的事，但她太想直接去做群众服务的工作了。那么，作为一名青年，怎样才能让自己更有价值、让工作更有意义？"也许，我可以试试另一条路？"

2014 年，在中山大学、华南师范大学等高校举办的公益课程上，娇哥得到了更多学习、参与的机会和空间，认识了很多小伙伴，娇哥惊讶于原来有这么多志同道合的伙伴。他们不仅跟自己志趣相投，更重要的是他们都是在公益道路上坚定的实践者。找到同伴的感觉令娇哥很兴奋，她迫切地希望跟着这样一群热血有情怀、有行动力、思想开放的青年朋友，在公益路上进行更深的探索。

这些公益服务理念和公益服务的前辈们激励着娇哥，但娇哥真正的公益启蒙，则是在"微辣"青年中完成的。2015 年 9 月，她正式进入"微辣"，负责为流动儿童营的志愿者提供行动支持。在"微辣"的半年，虽然娇哥还是不定期会回蓝信封的项目学校看孩子们，但更多的是奔波在学校与城中村，到社区里和志愿者们在一起，陪伴他们做出许多行动上的决定，坚持面对面的访谈，反馈每一步的点滴沉淀。

蓝信封项目学校访谈：了解孩子的通信意愿和倾诉需求

周末在社区行动结束后，志愿者们会坐到一起，相互给予有效反馈。娇哥从同伴中得到详细具体的反馈，从而更加清晰地感知到自我的状态，而不是陷入自己在行动中某些方面的纠结。娇哥开始自我察觉，看见他人，也看见自己。首先看见他人，是一种惊喜，原来周围的伙伴是如此可爱，每个人身上都有自己独特或优秀的一面，都有可以学习的地方。也因为有了行动的共同经历，彼此之间很信任，当他人给予娇哥反馈，特别是正向反馈时，娇哥才真正认识到自己所具有的更好的一面，从而建立更加完整的自我认知。回想从前，比起留守的孩子，更让她割舍不下的是队员之间的感情。但真正走进公益行动的大世界，她发现，一些根开始扎进她心里。那些滋养，正支持她看向社会的更深处：配合着行动逻辑的"微辣"营会上，不同议题、不同行动者之间进行着碰撞；适时的个人访谈与行动梳理得到的有效反馈更加明确前进的方向。

娇哥似乎逐步找到了内心困惑的答案。她不再一味地责怪自己，即使依旧完美主义，她内心的封闭却一点点打开。娇哥开始看见事情的价值，不再被困于现实的无力感，从而否认其本身的价值；看见自己的价值，接纳作为个体的有限性，也相信微小的力量，而非全盘否定自我；看见公益的价值，公益是做人的工作，用生命影响生命的过程，不可一蹴而就。娇哥逐步懂得什么是公益，并初步建立信心可以往这个方向持续行动。

在"微辣"实习结束，微木（"微辣"青年总干事刘海庆）引导娇哥说出自己的优点时，对她说了一番话："你要慢慢打开自己，朝自己看。要珍惜自己有的东西，看见自己拥有了什么。如果你总是挑自己做得不好的事情，会越来越活在想象中的自己，迷失现实中的自己。"

行动路上，那些散落满地的闪光点，挥洒在经过娇哥的每一个人身上。对于娇哥来说，却需要她一点一点去拾起。

"两年内，我绝不回公益圈"

在"微辣"重拾能量的娇哥，又开始对做公益有了信心，娇哥决定继续在公益世界里挥洒她的青春热血。

与大部分同学毕业后都选择在政府或事业单位实习不同，娇哥选择了另外一条道路。她选择去了佛山一家工伤维权公益组织，穿梭在不同医院的外科，拜访受伤工友做普法；协助工友写一份又一份的法律文书；陪伴工友到相关政府单位处理赔偿事宜。每周在广州和佛山之间往返，奔波自不待言。苦、累都能撑过去，可让人难过的是，娇哥发现自己没办法面对他们残缺的肢体：明明只是想好好生活，为什么会失去完整的身体，还得不到应有的赔偿？

起初，娇哥以为受了工伤，通过走法律程序来拿到自己合理的工伤赔偿，不就是很自然而然的事吗？为什么会有那么多的顾虑与担忧呢？

然而在具体接触工友时，才了解到问题的复杂性，不是一切的事情都能按照既定的渠道就可以达成我们的期待。有位阿姨在工作中不小心没了无名指的两小节，她装了义肢后，很开心地给娇哥展示她的义肢，把手掌伸到娇哥面前，跟她说："娇哥你看，动动，不碍事的。"

其实许多酸楚，工友早消磨在肚子里化作日常。可娇哥难以消化。情绪在娇哥的脑海里挥之不去，渗透进了每一天的工作，她发现自己没办法用专业的素质去和他们一起应对困难、解决问题。即使她真的觉得这件事很有价值，可她却感到自己没办法继续和大家一起并肩作战了。

这种理想与现实的差距带来的深深失落感，尤其是一次次在医院看到躺在病床上受工伤的工友绝望无神的眼睛，没有办法让娇哥有希望感地投入，娇哥再次深陷在对残酷现实的无力和悲痛中，她发现自己已经没有能量和能力陪伴、支持他们一起面对，于是娇哥落荒而逃，离开了公益圈，对自己说，"两年内，我绝不回公益圈。"

接纳自己内心的渴望

娇哥想做支持大众的工作，可是发现自己无能为力，也微不足道。于是，她一度选择远离公益圈，硬逼着原本就读政治学的自己踏进了金融业，成为一名销售。但那段时间的娇哥并不快乐，她还是时时想起"微辣"、想起蓝信封、想起那段全身心投入公益服务的时间。

一直在外围支持着蓝信封校区团队发展的娇哥，有一天受邀回来给志愿者做培训分享，听着志愿者在激烈地讨论着如何回应孩子们的成长问题，娇哥发现这才是她享受的空间和场域，自己的志愿服务火焰又重新燃烧了起来。当天蓝信封的创始人兼理事长周文华也神奇地向娇哥抛出橄榄枝，邀请她正式重回蓝信封，一起把志愿者工作做起来。

她没有马上答应。"两年不回公益圈"的誓言犹在，微木劝她在企业待两年，"完善自己再回来"的话也还在耳边，娇哥犹豫着。娇哥跑回去找蓝信封的人、找"微辣"的人、找一路走来的所有伙伴，问他们该如何选择。可折腾了许久，她发现自己根本不是在纠结，而是在接纳，接纳自己从一开始就有的决定：她想回去做公益。

18 岁时许下"要让国家变得更加美好"信念、在蓝信封留下的遗憾、在"微辣"收获的青年成长支持，在她心里连到了一起：她想回蓝信封去做通信志愿者心灵成长的引路人，把"微辣"带给她的成长与感悟，分享给蓝信封的志愿者。于是，2016 年冬天，娇哥重回到蓝信封，从无到有开始做志愿者运营，传播、招募、培训、夏令营，她开始了新的一轮摸索。

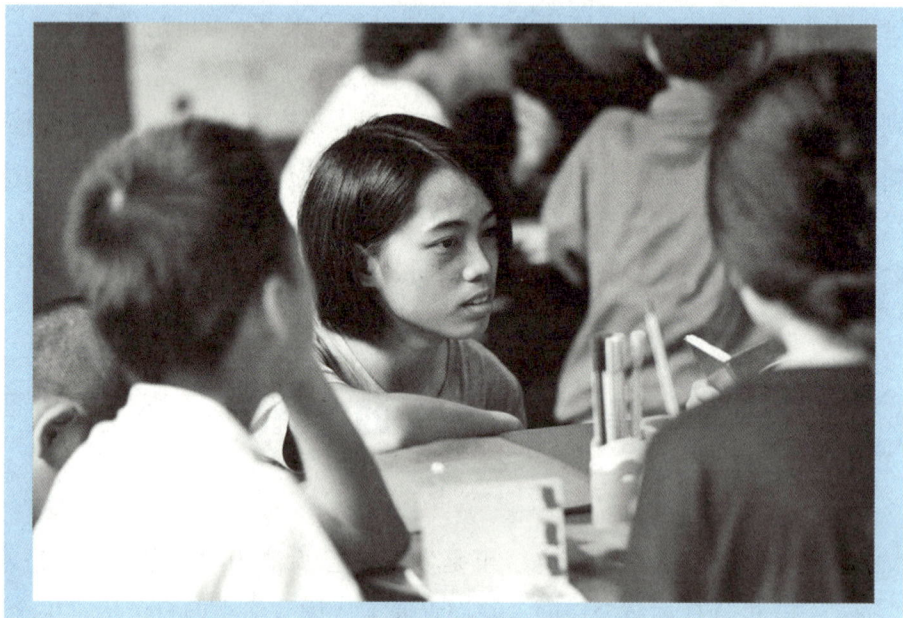

流动儿童赋能行动：组织流动儿童开展社区环保行动讨论

公益是一生的事业

不过，重新回到公益的路并未能一帆风顺，摆在娇哥面前的，是曾经反复把她击垮的现实无力感和实际工作中的迷茫与质疑。应该如何面对这些不可能完全消失的困惑？重新回来的信心从何而来？事实上，她没有信心……可是她坚持一路探索，虽然依旧会有痛苦与挣扎、迷茫与困惑，但唯有做公益，娇哥才真切地感觉到这就是她最想做的事。虽然很难受，但她学会了去接纳。从以前的志愿者身份，到现在的全职工作人员，角色越深，所看到的孩子留守问题更深，越会看到项目的局限性。

迷茫中笃定前行

2017—2018 年两年间，在同事的眼里，娇哥简直像一个机器人，但只有躬身入局，从旁观者到参与者，跟留守儿童的持续通信，娇哥才真正发现写信的价值：相互陪伴、共同成长。

支撑着娇哥继续往前走的力量之一就来自于与她通信的留守儿童。她一直珍藏着留守儿童写给她的一封信："我经历过如此多的波折，可是却没有一个知心朋友给予我最温暖的拥抱和安慰，现在好了，有娇哥的陪伴，就算再孤单也是温暖的。"这句话深深地触动了娇哥。

这位来自四川的留守儿童是娇哥的通信对象，虽然他们两人素未谋面。但在这之前的通信中，这个留守孩子还在信中说娇哥的信让她不知所措，以及不知道如何继续表达，但是坚持一段时间的一来一往的书信，孩子懂得了倾诉与分享，彼此分享烦恼，相互鼓励，维持了四年从未间断。留守儿童失去亲人的痛苦、地震的后怕、中考的失利……一切都与

蓝信封通信回访：了解孩子写信的变化

娇哥诉说，娇哥也没想到自己能成为孩子成长中这么重要的陪伴者。她对娇哥的信赖和认可，让娇哥更加坚信了这个项目对孩子陪伴的价值。

"授人玫瑰，手有余香。"在志愿服务的过程中，娇哥更加真切地感受到一封封的信，不仅给留守儿童带去关心和温暖，也给通信志愿者带来了成长和力量。通过与留守儿童的通信，娇哥感觉到在与孩子写信过程中慢慢地自我修炼，学会了自我表达。通信中陪伴孩子的同时，孩子也在疗愈她、支持她成长，听她讲述工作的困惑和烦心琐事。娇哥也开始尝试和父母、弟弟、曾经伤害到的表弟通信，修复与家人的关系，从与亲人剑拔弩张的对立，到亲人慢慢开始理解并支持她做公益。

与此同时，六年前写信的孩子上了大学，回来找蓝信封成为通信志愿者，孩子跟娇哥说是因为通信姐姐的陪伴和引导，才有以姐姐为学习榜样，她也想给有同样留守经历的小朋友带去温暖。如今，曾经的留守儿童现在成为通信志愿者的孩子越来越多了。

走走停停，从校园的志愿服务团队到专职化运营，娇哥竟成了留在蓝信封最久的人，成了蓝信封活的文化符号。磕磕碰碰中，娇哥也慢慢扎根在蓝信封，一直做着支持志愿者的青年成长工作，把影响自己"起而行之，方乃青年"的理念，带给更多的志愿者。

从历史到未来的坚守

随着娇哥的成长，要承担的工作越来越多，处理财务、人事、对外筹资合作、信息化等，事情多且冗杂，这要求她自己不断补充新的知识。从之前开心地投入蓝信封志愿者工作，到全方面参与组织的运营管理，娇哥才知道要稳健持续地做好一个公益项目有多难，需要耗费多少的时间和心血。实力跟不上，时间来凑。对事情尽心尽责的娇哥，工作不知不觉就填满了她全部的时间。正因极少有个人的生活、不懂得调整节奏，一味地沉浸在对工作的深度反思、对学习的持续追求上，娇哥愈发感到吃力，这吃力感也在制约着她工作的进步，以及对蓝信封项目外更多的了解和认知。此时，在一个组织待得越久，让她越感到忐忑，害怕自己犹如一只井底之蛙，局限住了她对公益的认知，让她陷入了新的迷茫。

蓝信封通信结业：鼓励孩子表达通信的感受和收获

于是，娇哥迈开步伐，继续学习前进，她参加了广州公益慈善书院的公益慈善领军人才研修班。在公益慈善理论系统课程学习和在地研习中，建立了娇哥的公益历史感，作为公益行动共同体去感知过往，看见当下，憧憬未来。

有一次，在黄花岗公园的在地研习中，老师带领了学员们实地游览，讲述百年前的革命历史。一个17岁的南洋青年，到底是一股什么力量促使其回到从未踏上过的国土，愿意为推动中国革命献身。默哀的三分钟里，娇哥一直在想这个问题，敬仰于前赴后继的先行者，对公益（"国之公共利益"）奋不顾身的努力。同时感慨不已，想起了18岁时的自己，正值辛亥革命一百周年纪念日，娇哥在学校旁烈士英雄纪念碑前的起誓"要尽己所能，让这个国家变得更好"。娇哥很感激自己，十年过去了，其间无论面临着怎样的困顿迷茫，她还在一如始终、身心一致践行这个信念。

心之所向，即为光芒。公益从来不是一时的努力，而是一代又一代的先驱者接续奋斗，勇于站起来关注社会问题，协力推动着美好社会的建设。"起而行之，方乃青年。"能让国家变得更好的公益事业值得娇哥以一生去践行！

心路相伴，守护青春

——"12355"青年志愿者叶瑞兴①的故事

"您好！这里是 12355 青少年综合服务平台，我是心理咨询师，工号×××，请问有什么可以帮到您？"

这是广东省 12355 心理热线的标准开场白，接下来，心理热线的志愿者会和来访者开启心灵探索之旅。

广东省 12355 青少年综合服务平台

① 叶瑞兴，广东 12355 青少年综合服务平台心理服务志愿者，志愿服务时数超2600 小时，致力于青少年心理健康科普宣传和咨询服务工作，曾获"中国青年志愿者优秀个人"荣誉称号。

作为广东省 12355 青少年综合服务平台 300 多名志愿者中的一员，叶瑞兴平常的志愿服务工作就是通过网络文字或者热线电话，与不见面的来访者进行心灵的探索和会谈。从 2019 年至 2022 年 9 月，已累计志愿服务时长超过 2600 小时，从新手小白，到淡定从容地接待各种来访，应对各种问题，甚至是处理突发的危机干预电话。

在 12355，她经历了一个快速成长的阶段，用她自己的话说："自己既是助人者，也从助人中收获成长，心有荣焉。"

一个誓言，奠定一个职业志向的选择

当初走近心理学时，叶瑞兴正处于人生迷茫期，感觉自己在工作、生活、情感等方面好像总是缺了点啥，对生活有着诸多的不满、无奈，对遇到的困难感到压抑、难过和烦躁不安。头脑中总冒出了许多问号、许多人生中不解的难题和似是而非的答案。

最开始的心理课，她只沉浸在自己的小世界里，后来她渐渐地看清了内心的想法和需求，尝试去打破与人交际的隔阂，开始主动融入团体，积极参与各种学习活动。她发现这种向内自我探索、向外用心理知识和技能助人的工作，是一件富有意义且有趣的事情。于是，在课程结束的那天，她给自己定下了一个小目标，去考个心理咨询师证，为此，她还参与了一场颇有仪式感的"立誓"仪式。她经常鞭策自己要努力学习实现目标，经过了一系列的理论和实践的知识技能培训后，终于顺利通过了考核。她开始走向运用心理学知识助人的道路，离实现"自助助人，助人自助"的梦想又近了一步。

此外，她深知心理助人工作是把双刃剑，如果能够善用，可以助人解惑、走出困境；如果运用不当，来访者可能非但得不到帮助，还会受到二次伤害，这是她最不乐意看到的结果。为此，她每次和来访者开展咨询工作时，都会秉持着"真诚、善行、负责"的态度。有一次机缘巧合，她被推荐到广东 12355 心理援助热线，成为一名心理咨询服务志愿者。

一份真诚，打开一扇心门

在 12355 的热线服务中，来访者通常是心有困扰，并面临着无处倾诉、无人理解的困境。因此，当咨询开始时，咨询师一般会先关注来访者的状态，仔细聆听来访者的表达，感受着对方的感受，与此同时保持积极关注的状态，足够耐心地倾听，让来访者感受到了真诚、接纳和包容。渐渐地，双方建立起了相对良好的咨询关系，来访者也乐于敞开心扉。

叶瑞兴刚开始做心理志愿服务时，由于经验不足，部分问题没妥善解决，导致被来访者投诉。经过督导老师的提点，她发现原来自己工作中存在着诸多盲点，如缺乏耐心倾听、理解和共情等。在往后的每一次咨询中，她有意识地去改变自己与人沟通的方式，并注意练习觉察和调整自己的状态。在休息的时间里，她还积极参加平台组织的相关专业培训，学习及时澄清和反馈，这使她在咨访互动中，能够更加理解来访的咨询目标和需求，更好地跟来访者深入分析问题，探讨解决之道。叶瑞兴的不懈努力获得了来访者的肯定与喜欢，好评率和重复咨询率也与日俱增。

一段良好的关系，是一次成功咨询的开始

咨询求助的人目的各有不同：有的人需要情感的宣泄，希望通过倾诉获得关注、理解、认可等；有的人急于求成，想早日找到解决问题的方法。作为心理咨询师的她，秉持着"多了解、更清晰、早解决""能帮就帮、能多帮就多帮"的理念工作，乃至于主动延时咨询。她原本认为，这样也许能够帮助来访者尽快找到解决问题的方法，后来实践证明，这样的咨询效果微乎其微，甚至有时候还助长了来访者的惯性依赖，令其

不能独立、自主地想办法解决问题。为此，她和来访者建立了良好的关系，以便于持续关注、协助来访者成功咨询和解决问题。

她和小 C 的故事

刚和小 C 同学遇见，小 C 经常会闪进闪出、不断地匹配自己喜欢的心理咨询师。对此，叶瑞兴始终以开放和接纳的态度与小 C 交流，在小 C 来去自由的同时保持礼貌地打招呼、接触。渐渐地，小 C 和她慢慢熟悉了，小 C 也数次表示，通过这样的谈话令其感到稍微放松、自在，感觉被理解和获得了支持，在一些自己感觉困扰的事情上得到了启发，也学会了一些新的应对方法。相比刚开始接触时，那个想法悲观、容易情绪低落、敏感、自责，甚至因此而伤害自己的小 C 逐渐成长起来。小 C 已慢慢意识到，自己力有不逮，不是事事都能够做完美的。叶瑞兴知道，对小 C 而言，做到接纳自己的不完美很难，允许自己存在挺糟糕的时刻更难，接受自己的情绪时好时坏、反反复复更是难上加难。每次谈话后，她都会引导小 C 发现自身的特质，改变虽慢，但总体是有行动而且是向好发展的。叶瑞兴在和小 C 的相处中发现，人只要脚踏实地，每一步都算数，都将奔向成功彼岸。

平时，小 C 会就某些学习、生活等问题打电话前来咨询，而叶瑞兴会结合心理学和生活的知识，一次又一次地陪小 C 探索自我。大部分时间，小 C 的表现是积极的，只是偶尔会因为某些未能打开的"心结"，贬低自我，忍不住害怕、焦虑，继而导致睡眠不好、食欲不振、持续性情绪低落等。作为心理咨询师，叶瑞兴深感小 C 的状态需要转介，但小 C 因为害怕面对陌生人，难以与人开展一段友好且持久的关系，因此，很多时候咨询进度就此打住。这时，叶瑞兴主要是安抚、陪伴和尽力稳定小 C 的情绪。刚开始遇到这种情况时，叶瑞兴的内心也很焦虑、着急，乃至自责，有时会有种无力感和挫败感，不知该如何更好地帮助小 C。后来叶瑞兴找平台督导帮助剖析问题，调整了应对相处的方法，包括思想认知上的调整（心理咨询师非万能的）、情绪上的调整（自我积极暗示）、行为上的改变（少言多听，积极关注和反馈），她和小 C 的关系也逐渐牢固起来。

她和小 C 接触将近 2 年了，在咨询的日子里，她们一起讨论一些事情,也一起经历、处理小 C 的情绪波动,渐渐地,她得到了小 C 的认可和信任,咨询的内容也更深入了,虽然偶尔小 C 还是会情绪波动,不太稳定。但小 C 曾说:"现在很难再信任一个人,因为有些往事不堪回忆,曾经对人是信任、友善的,所以很期待与人保持友好关系。"对于小 C 而言,这段不见面咨询建立的"友谊"能够持续这么久是出乎意料的,这是小 C 的一次突破,也是大胆的尝试和对自己的挑战。

她和小 G 的故事

小 G 从小未和父母一起生活,常年见不到父母,连生活费用也是靠其他养育者提供,这让小 G 觉得自己的父母从来没有养育过自己,也没有管教过自己。而等到小 G 长大了,因读书需要跟父母同住的时候,种种改变让小 G 感到极度不适。父母一心想着为小 G 好,于是把从前缺失了的教育顷刻贯注在小 G 身上,给他正确的指引,而小 G 则显得和父母格格不入。父母也因为不了解小 G,不知道小 G 内心的想法,在没有考虑小 G 意愿的情况下,直接以命令的语气要求小 G 按照其意思行动做事,这让小 G 深感不自在,产生了深深的抵触情绪,极想逃离这个家,希望父母不要再管自己。但父母似乎一直不能理解,认为小 G 不能体谅父母心,采用各种逼迫威胁的方法强迫小 G 妥协、服从安排。殊不知,这样反而加剧了小 G 对这个家的反感和厌恶,萌生了要离开家的念头,并且做好了离家的计划。

听着小 G 一声声的诉说,一句句的问:"为什么?为什么从小不养我,长大了你们才来管我?"叶瑞兴沉默了,心里沉甸甸的,想要劝和的话一直挂在嘴边,迟迟说不出口。换位思考一下,如果自己是小 G,她也很难跟父母一下子变得亲密无间,至少很难发自内心地接受这一段关系。但小 G 作为未成年人,不具备完全民事行为能力,依靠监护人抚养和照顾,不能擅自行动是必然的。由此,她和小 G 一步一步地探索小 G 的情绪背后的需求,一起分析问题,想办法解决。到最后,小 G 记下了叶瑞兴的工号,下次再来咨询。

随着咨询累积的实践经验越多,她越是发现,在一段良好的咨访关系中,来访者和服务者是互帮互助的,也是相互促进成长的,如果关系建立得好而且保持稳定的话，那将是很好的战友联盟，也会更快帮助到来访者解决心里的困扰，走出困境，在现实中成长起来。

在河源龙川老隆学校开展心理健康宣讲活动

临危受命，挽留生命第一线

在 12355 热线服务中，有时候会接到潜藏着危机的电话，如来访者会谈到有自残或者自杀的倾向，甚至已有具体计划或者行动等。这时，接线员要快速反应和做评估危机登记，既要安抚和稳定来访的情绪，又要尽量收集资料、寻找最大帮助。临危不惧、稳在当下的咨询态度显得尤为重要。

曾经，小 D 准备好了遗书，感到委屈、难过却不愿意向身边人求助，希望等跳楼后，通过遗书向身边人坦露自己的情绪与心境。在获悉其意图后，叶瑞兴首先想着如何尽快安抚和稳定对方的情绪，既不能刺激和惊吓对方，也不能任由其负面情绪继续发酵。经过 2 个多小时的陪伴和劝说，小 D 终于答应另辟蹊径解决问题，寻求身边的帮助去解决现实问题。结果，通话后的晚上，小 D 来信报喜说现实问题已得到解决，感谢本次咨询。直到那一刻，叶瑞兴悬着的心才稍微地放下来。

小 E 刚来电时，说话声音很小，并且抽泣不止，短时间内交流困难，作为心理咨询热线工作者，叶瑞兴既看不到又摸不着，除了听声音辨别，似乎找不到更好的方法了。于是，她只能先静静地陪伴，等待来访者缓过情绪后，再深入探讨话题。原来，在来电前，小 E 和父母进行了一场激烈的争论，一直没有结果，最后只落得互相指责和埋怨的困境。小 E 认为父母不理解自己，如无法用言语表达，并很难控制好自己的情绪，甚至会做一些伤害自己的行为，而身边似乎没人在意和重视，甚至有人说"这是矫情"。殊不知，这让原本就自责、抱怨诸多不公降临于自身的小 E 更无法表达自己的想法了，沟通表达能力也出现了问题，一开口就引起不必要的麻烦让小 E 感到非常苦恼。后来，小 E 干脆不表达了，渐渐地和父母形成了对抗，要么不回应、不执行，要么采取激烈行为表示拒绝。事后，小 E 说，其实在和父母对着干时，心里也有过纠结，知道对着干不好，父母说的也有道理，但是面对父母一味地对自己提要求、做不好又苛责时，小 E 想说："凭什么你们说的我就一定要听，我说的话，你们就不听，就不愿意相信我，既然你们不相信我，我做什么都是错的，都是不好的，那我做再好有什么用？"小 E 说到和父母之间的争吵时，情不自禁地哭了，哭得很伤心。这时候，电话另一端的叶瑞兴，静静地聆听着小 E 的诉说，偶尔回应一两句，或者对于听不清楚的地方进行简单的复述，与小 E 确认、澄清，然后把自己理解到的情况简单复述了一遍给小 E 听，在确认无误后，再发表个人感受，让小 E 知道，不是所有人都不理解他的，不是所有人都认为他做错了事的，所有的行为也并不都是错误的，而是事出有因，是某些关系处理不良导致的后果。自此，小 E 的情绪慢慢得到安抚，也慢慢地冷静下来，开始思考自己的言行，以及一些应对问题的方式。譬如，可以通过信任的老师跟父母说说，或者让父母也接受心理咨询，看看怎么改善亲子沟通等等。谈话到最后，小 E 表示，谈完后感觉好多了，轻生的念头已经没那么强烈了，愿意从多个角度再尝试向父母表达自己的需求，如果不行，会再致电平台，请求平台老师跟自己的父母沟通，代为表达心声。

一个项目，一群人，为乡村留守儿童心理送温暖

2021 年 5 月开始，广东省'两帮两促'——乡村留守儿童心理健康帮扶计划"项目在河源启动，经过前期的实地调研、初步评估、课件研磨、组建和管理讲师团队，实施入校宣讲和现场心理辅导，至 2022 年 1 月，讲师团已在河源市三个县区的首批帮扶中小学中完成了 31 场宣讲，直接惠及学生 4000 多人，间接惠及人数超过 5 万人，每次都是连轴转的赶场，老师们虽然都感觉累，但并不后悔，大家都表示，能让孩子多懂点心理知识、更懂得关爱自己的心理健康，这般付出也是值得的。其中，叶瑞兴作为主要成员，亲历和见证了团队到每个县区开展活动的经过，并参与了其中的课程宣讲、现场一对一心理辅导，还在活动后负责整理资料和报告。

"两帮两促"活动走进河源东源灯塔第一小学

广东省"两帮两促"项目工作开展将近一年，现已结束。在这一年中，叶瑞兴作为平台入校宣讲心理咨询师团队的一员，积极配合项目负

责人完成各种项目工作，包括项目调研、心理咨询师团队组建、管理维系、组织会议、专题磨课等。2021年9月开始，进校宣传，做现场咨询、现场咨询评估、宣讲活动总结、档案资料整理等工作。每当进校宣传活动结束后，都需要对重点个案跟进一段时间，并进行重、中、轻不同等级的区分，再进行针对性的电话跟进。与来访者的互动也是因人而异的，有些学生和家长比较有心理健康意识，会主动、积极地跟心理咨询师沟通，每次都带着好学之心而来，带着满意评价而归。而有的来访者及其家庭，因为病耻感，无法坦然面对生病，迟迟不肯就医用药，心理咨询师看在眼里，既感到恼火又充满了挫败感。小W的故事让叶瑞兴印象尤为深刻。她和小W初次认识时，看到小W的手脚微微地颤抖，说话小心翼翼，每个问题都会不自觉地看看老师，担心"不应该问"，但仍然表现出积极、爱学习的模样。后来了解到小W此前生病休学了。在休学期间，她乖乖地听从医生嘱咐，按时吃药，行为正常，但当药物起副作用时也会主动提出疑问，将自己的异常情况及时告知家人、老师，让更多的人理解自己和支持自己。小W的家人在知道小W可能生病的情况后，刚开始是不以为意地，后来发现不对劲，不敢再耽误而及时带孩子去就医，并且积极配合医生给孩子的治疗，包括定期复诊、拿药；同时跟学校沟通，让学校了解孩子的情况，给予宽松的条件，降低学习要求，缓解孩子的学习压力。而这也是小W一直关心的问题，担心自己学习成绩不好，被排挤、被孤立，没有朋友。

后来，经过将近半年的电话定期回访后，小W情况基本稳定，学习也在一点点地进步，偶尔考差了但不气馁，愿意再次尝试，保持着"希望比上次考得更好一点"的乐观心态前行。由于休学落下的进度比较多，加上新课程的压力，小W总会感到力不从心，甚至萌生"学得这么差，怎么考都考不好，不想学了"的想法。但是另一方面，想到家人一直以来对自己的照顾和包容，小W又不敢任性放纵自己，所以有一段时间情绪总是低落，各种担心、紧张的情绪影响了考试的发挥，担心自己会考成绩不好，影响升学等等。每当遇到这种情况，叶瑞兴都会跟小W说："不着急，稳在当下便是最好的。"然后跟小W深入分析一些考试的问题，区分主观失分和客观失分；对于主观失分部分，她引导小W觉察和发现是自己粗心大意、理解错问题等原因才没有做对题，并提醒小 W 在下次考试中多加注意；对于客观失分的原因，如考题难度大、考试时间缩短等，以普遍性、合理化等因素来分析。当大家水平因此而下降时，那是总体水平的下降，不影响个人排名水平，避免小 W 陷入自我贬低、自卑的漩涡中。

"两帮两促"活动走进河源连平陂头中学

"折翼天使"变身"公益使者"：把大爱传递

小 K 和小 M 都曾经深受负面情绪困扰，总感觉自己是孤独的，无法融入集体，也总觉得自己事事都做得不够好。

通过 12355，小 K 和小 M 在声波中和叶瑞兴相遇、相识、相知，他们慢慢感受到了被理解和被支持，感觉到了这里是安全、可信任的。于是，他们越来越敢于表达心声，把那些曾经深藏心底、不能在现实中说出口的话说了出来，很多与之相关的情绪也在敞开心扉的那一刻得到了宣泄。通过一次次的谈话，一次次的探索自我，慢慢地抚平着曾经的伤口，然后重构新的积极认知，改变自己行动的力量和方向，逐渐改变一些固化的思维和行动，并从中获益。小 K 和小 M 的积极转变让身边的人惊叹，也引起了一些身边有着相似经历的同龄人的羡慕和向往，这让小 K 和小 M 都产生了想把自己得到的帮助分享给更多有需要的人的想法。虽然经历不完全相似，但初心一样，都是为了把大爱传递出去，让更多人感受到温暖。

小 K 把自己在平台获得支持的经历写成了一份演讲稿，在演讲比赛中讲述一个人如何从受助者，发展成热衷于做公益志愿服务的人。参加一场演讲比赛，也许对很多人而言不是难事，首先写好文稿，背诵好稿件，比赛日再给自己置一身好行头就行了。而对于小 K 而言，这是一件相当困难的事情，哪怕是要准时出席，到达会场都不是容易的事情。因为比赛前遇到了很多不愉快的事情，令小 K 有点抗拒返校，内心一直在做着斗争：要不要回去参赛？要不要把自己的故事分享出去？……思虑很多，行动阻碍也多。最后，赛前一刻想到了这是自己一直想做的事情，也是很想和大家分享的事情，所以鼓起了勇气，登上了演讲的舞台。在演讲的时候，小 K 很害怕，担心自己发挥不好、会丢脸。后来，小 K 说那时候脑海里只想着一件事，执着一份信念：分享并传递这份爱和温暖，让更多有需要的人知道有这么一个助人的平台。最后，凭借着自己较好的文学功底和真情流露的表现，顺利完成演讲并得到了大多数人的认可和赞许，获得了荣誉。

小 M 则是在生活中，被身边的人看到了明显的变化，而且是积极向好的。小 M 情绪逐渐稳定，学习稳步向前，交到一些好朋友，当身边的人主动询问小 M 发生改变的原因时，小 M 很愿意分享在平台接受一对一辅导的历程，也很希望能帮助到身边人。因此，小 M 在课余时间，积极参加学校组织的公益活动，而且得到前辈的指引和肯定，让小 M 感觉很快乐，很喜欢这样与人相处的融洽氛围，处理人际关系的能力也得到了一定的提升。

在河源连平三角中学开展心理咨询活动

因为淋过雨，所以，知道淋雨的痛；因为心曾经受过伤，所以，知道心理创伤疗愈不容易。找到支持的力量很重要，小 K 和小 M 希望将亲身经历、获得过的支持与力量，传递给更多有需要的人，所以化身"公益大使"把这份大爱传播出去。

叶瑞兴通过心理热线工作发现，心有千千结、一时难以解开的人，内心往往是充满矛盾的。他们的改变，除了跟自身条件和努力有关，身边人的支持、周围环境的接纳度和包容度，也影响着他们的康复信心和行动。如果一个人独自来访谈心事、坚决不能让身边人知道，要改变是一件很难的事或者说要花费很大的力气；而一个人是在家人陪同下前来，家人也参与沟通交流且有改变意愿的，这样的个体自我调节、改变的动力也很大，且见效明显。

心有故事而不自弃，努力蜕变迎成长。心理疗愈至康复是一个漫长的过程，需要耐心和勇气。虽长路漫漫，但只要找对了方向且肯努力、坚持，总体还是会向好的方向发展，星光也终将点亮整个夜空。

为青少年心理健康成长出力，甘之若饴

"青年兴则国家兴，青年强则国家强。"党的十八大以来，习近平总书记高度重视青年工作，关怀青年成长成才，对广大青年寄予殷切期望，为做好新时代青年工作指明了方向。

《中国儿童发展纲要（2021—2030年）》强调，促进儿童健康成长，能够为国家可持续发展提供宝贵资源和不竭动力。青少年心理健康是一个不可忽视的重要公共卫生问题，关系青少年成长。全方位守护青少年的心理健康，需要运用身体系统理论的视角，双向互动共筑防线。

星星之火可以燎原，点点星光汇成星海。能够加入广东12355青少年志愿服务队，运用心理学的知识，为中国青少年的健康成长贡献微薄之力，让受苦受困的青少年感受到温暖、重拾信心，勇敢面对生命困阻，把心能量正面传递，叶瑞兴深感荣幸。在新冠肺炎疫情与"双减"政策下，她将继续做好"疫"路青春的心能量护航员，给广大青少年传递爱与温暖。

环境保护 "入心入行"

——绿色行动青年志愿者袁淑文[①]的故事

　　面对环境保护这个与生活息息相关的话题，每个人似乎都能说点什么。原来，有些环保习惯是祖传的。"小时候总是嫌弃姥姥、奶奶攒塑料瓶，长大后我们也变成了攒塑料瓶的人。"有些环保习惯是共通的。洗手时按洗手液会顺手关掉水龙头、旧衣服拿来当抹布、一张纸巾习惯性撕成两半用……有人评价道："这是谁在偷窥我吗？"然而，就是这样琐碎的细节，让人回忆起来充满了感慨、满满的成就感以及美好的回忆。

　　"环保志愿服务是随手可做的，期待大家都来尝试，成为一名环保志愿者。"大学毕业后，袁淑文创立了广州市绿点公益环保促进会，向各领域人员传递了生态环境保护理念，推动他们参与生态环境保护实践活动。20 年来，袁淑文坚持不懈为青年志愿者提供丰富的环保体验和实践。在她的带动下，越来越多的志愿服务队伍和环保志愿者进校园、进社区、进乡村，开展生态环境保护宣传教育和志愿服务活动。袁淑文一直坚守自己从事环保公益的方式，完成了从自发到自觉的成长。

---

　　① 袁淑文，广州市绿点公益环保促进会党支部书记、秘书长。志愿服务时数超3500 小时，致力于为市民尤其青少年开展各类生态环保主题教育及宣传活动进学校、进社区、进企业、进乡村。荣获 2019 年度全国"百名最美生态环保志愿者"、2020 年度全国学雷锋志愿服务"四个100"先进典型最美志愿者、2021 年度广东省环境保护科学技术奖"科普类奖"等荣誉。

从小立志，为国为民

1980 年出生的袁淑文，已经 40 岁出头了，但是很多见过她的人，听到这都不禁感叹："文子，你为什么长得这么年轻？"对此，袁淑文表示："老前辈有句口头禅：'人老心不老，天天搞环保！'也许正因为我所从事的工作天天跟环保公益打交道，让我能够时常保持一颗年轻、好奇、不服输、不将就的心，才让外在显得青春有活力吧。"

袁淑文是一个地地道道的广州人，在她出生的 20 世纪 80 年代，正是中国进行改革开放的初期。直到现在，她还记得小时候的许多生活情境。那时候，每个广州家庭都为"三件套"而努力和自豪，这三件套就是风扇、自行车、缝纫机。但转眼几年间，袁淑文却发现身边许多变化正在悄然发生，"三件套"随之升级，变成了电视机、冰箱、洗衣机。那时候，电视、电台的高频词就是"改革开放"。她觉得自己是幸运的，有幸生于这个时代，有幸成长于改革开放春风浸润的南粤大地。作为一个普通工人家庭的子女，她亲身经历了党领导的改革开放所带来的巨大变化，这个过程也让她从小立志，成为一个对党、对国家、对人民有用的人。

因此，袁淑文一直希望所从事的工作，就是能够尽可能多地造福人民，竭尽所能地服务社会。犹记得在高二填报分科志愿的时候，她看到专业填报指引资料上写着就业方向是"环保"，内心便被深深地吸引住。那时候的她，只是模糊地觉得"环境保护"是一件对社会有益的好事，很希望去做。年轻人向来如此，一旦认准了目标，便是一个劲儿地往这处使。袁淑文毅然选择了化学方向参加高考，最终如愿地考上了华南农业大学资源与环境专业。

袁淑文很荣幸地在大学期间就成为一名光荣的共产党员，这更加坚定了她"造福人民，服务社会"的志向。最终，在毕业的时候，袁淑文顶住了家庭的压力，选择了当时比较冷门，甚至许多人都觉得陌生的环保行业。还记得当时决定职业方向的时候，她跟家里人说："我要做环保。"父亲愣了一下，然后问她："你这是要去扫大街吗?"很显然，父亲把环保和环卫搞错了。在开放民主的家庭氛围中，父母一向尊重袁淑文的选择。袁淑文觉得，环境保护关乎公众的切身利益，环境污染，所有人都是受害者;环境美好，所有人都是受益者。因此，选择环保，就是选择了一个有益社会、有益人类的事业，而她去做这样的一件事，就是在做对社会有用的人。这一个选择，至今，已经坚持了20年。

辞"铁碗"，创"绿点"

2003年大学毕业后，袁淑文入职当时广州市环保局（现名为广州市生态环境局）下属的环境保护宣传教育中心，获得了一份"铁饭碗"的工作。她日常主要从事生态环境保护宣传教育方面的工作，跟随着"白鹤号"宣传教育车进社区、进学校、进广场开展各种环保宣教活动，从活动策划到科普讲解，从资源对接到活动落地，每一件事她都参与其中，也就是这段经历，练就了她在环保宣教方面十八般武艺样样都略懂的能力。也在这个过程中，她接触到不少高校的大学生环保志愿者。在与大学生志愿者接触的时候，她化身为"志愿者背后的志愿者"，主动了解他们在开展环保志愿服务中存在的困难或需求，力图为他们提供更专业、更丰富的环保活动体验和实践，带着他们一起走进校园、进社区、开展相关活动。在她的带动下，越来越多的高校环保社团和志愿者进校园、社区，开展生态环境保护宣传教育和志愿服务活动。慢慢地，这个高校大学生环保社团和志愿者联盟不断壮大，形成了一个固定的方式持续运作，并且拥有了自己的名字——"绿点大学生环保行动网络"。

另一方面，就像人们所了解的那样，这份"铁饭碗"工作非常稳定、按部就班、不用操心，只需要按照要求完成上级交代的任务，让领导满意就好。可是，袁淑文天生就是一个爱折腾的人，总是不断有新的想法，也有超强的执行力，一眼就能看到头的工作状态，让她越来越失去激情。在这个时候，她得到了接触一些环保公益组织的机会，发现公益组织里平等、自由、尊重和鼓励个人想法的工作氛围更适合她，而且公益行业也是可以成为个人工作甚至事业发展的领域，于是，她便萌生出要去试试的想法。

到了2008年，袁淑文辞掉原来的"铁饭碗"，成为一家香港知名环保公益组织的从业人员，她想借着这个机会去学习和了解一个成熟的、先进的环保公益组织是如何运作和发展的，开阔自己在环保公益领域的眼界。在此期间，她并没有放弃大学期间组织的"绿点大学生环保行动网络"（简称"绿点网络"）的运作，而是结合自己的工作和业余时间，不断推动绿点网络成员参与环保公益活动和志愿服务。伴随着社会的发展，参与绿点网络的团队和人数不断壮大，大家期待不仅限于这样松散的、非正式的形式去开展环保公益行动，而是希望更加正规化的组织形式持续发展。于是在2012年，在袁淑文的推动下，"绿点网络"迎来了里程碑式的发展，在广州市社会组织管理局登记为"广州市绿点公益环保促进会"（以下简称"绿点"），成为广州市最早一批直接注册的民间环保社团。这是一个由热心于环保的团体及个人自愿组成的非营利性的公益社会团体，是立足广州的生态环境保护培训、交流及活动平台，致力于推动环保志愿者，尤其是大学生环保志愿者实地了解及亲身参与环境保护事业，系统提升环保意识，理性树立生态观念，从而有效地推动整个社会的可持续发展。"绿点"关注本地的环境问题，通过教育、倡导、调研等形式，增进沟通、缓解矛盾、促进合作，为绿色广州建言献策、身体力行。

2013年，袁淑文成为广州市绿点公益环保促进会秘书长。20年过去，她已经从一名环保宣教项目成员成长为一个民间环保公益组织的负责人。在此期间，袁淑文和她的团队尽心尽力为人们提供常态化的环保服务，让环保知识浸润人心。在他们的努力下，绿点带动了越来越多的人参与到环境保护的日常工作当中。袁淑文希望，通过不断地普及环保知识、开展环保活动，能向社会播撒绿色的环保种子，推动人们积极关注环境的变化，保护生态环境，甚至加入到环保志愿者的队伍之中。

参与嘉佳卡通举办的活动，为孩子及家长分享垃圾分类环保内容

初创公益，千锤万打

　　成为"绿点"的负责人后，袁淑文通过组织化的运作，更有力地支持、服务环保社团和环保志愿者群体，推动更多青年乃至公众成为环保行动者。袁淑文亲自参与环保志愿服务活动的策划、组织、筹款等多项工作，通过团队的力量发动社会公众投身到环保志愿者的行列中来。至今，"绿点"每年至少直接发动超2000名学生和市民参与环保志愿服务，向超过5万人次中小学生、社区居民和企业员工等公众传递生态环境保护理念，推动他们参与生态环境保护实践。

　　袁淑文还记得，在2013年成为"绿点"负责人后，她的第一个任务就是筹款。她拿着项目计划书，热情满满地找到资助人，没想到却被问道："'绿点'做了这么多年，到底为大学生青年带来了什么改变？为现在的环境问题解决带来了什么改变?"他们一问,把袁淑文问住了。因为环保本来就是一份以人为中心、潜移默化地影响人们行为习惯的工作,并且"绿点"项目的着眼点是在人的意识层面,原本就很难用一个具象的标准去衡量改变是否发生、在这个时期内发生了多少。但这当头一棒,却让她清醒了。曾经以为做公益只要有情怀,真正在做实事,别人也会看得到你的努力和付出。但其实,通过"组织化"来做公益,这还远远不够,别人要看的是效果和从中体现的专业能力,如果无法有清晰、可信的呈现,就无法获得生存的机会,更谈不上持续发展。从那以后,袁淑文更加努力地锤炼自己和团队的专业能力:从发现环境真问题的能力,到把想法变成可操作、可评估的解决方案的能力,从团队建设能力到了解和满足受众真实需求的能力……

因为资源有限、竞争激烈,袁淑文还必须去思考怎么可以使项目有更突出的优势和成效。在这个过程当中,她也常常会反思:为什么要做这些事情?这既是对项目方案、执行效果的检视,也是一种警醒,避免自己陷入盲目的热情,努力错了方向。在运作"绿点"机构的这几年,她得到了很多机会,经历了很多磨炼,在不断试错、纠错的过程中前行,实现了从项目执行到机构管理的自我能力突破,也找到了自己擅长的领域进行沉淀。当初她打算离开政府机构去找新工作的时候,心情很忐忑,担心自己被"养懒"了,也不清楚自己有什么能力;但是事实证明,即使离开,凭借自己的热爱和努力,也一定能够找到一个更适合自己的舞台。

公益是一个新兴行业,有很多可以创造的可能性;公益机构有着包容和平等的氛围,尊重并接纳独特的想法和尝试;公益人之间有更多共情,彼此鼓励、结伴前行。

走进小学课堂，宣传环境保护知识

坚持"站桶"服务，促成垃圾分类

提及印象深刻并且有成效的志愿服务故事，袁淑文分享了她在小区垃圾回收点"站桶"的经历。2015年，广州处于垃圾分类起步阶段，袁淑文和一帮大学生组成了志愿小组，选取了居民投放垃圾的高峰时段，到垃圾投放处轮流站岗，劝导人们进行垃圾分类。垃圾处理从不分类到分类，难免会带来这样或那样的不适应。尤其在服务初期，广州正值酷暑，气温高蚊虫多，好不容易克服了环境问题，还要面对居民分类意识较低，不乐意配合等问题。他们从4月份开始一直坚持每周两个晚上轮岗站桶劝导，到了6月份，还是有很多居民不愿意参与垃圾分类。他们记得当时站在桶边，看到有一位大叔准备丢垃圾，他看到他们，不但没有走过来，反而拎着垃圾袋快步绕到他们身后，然后一个远投，随便就丢到最近的垃圾桶里面。还有一位阿姨遇见了他们几次，有一次直接走来劝导他们："大夏天的别站了，没用的，有时间回去念书！"还有一些居民直接提出质疑："你们劝我分类，我分类之后，还不是一样混着收走，你们别浪费时间！"

尽管"出师不利"，但袁淑文和她的组员们商量后还是决定一鼓作气，保持热情，坚持站岗，锲而不舍地向每一位前来投放垃圾的居民宣传垃圾分类知识，示范如何区分厨余垃圾等。在志愿者日复一日的引导下，该小区的垃圾回收利用率逐步上升，最终在 10 个月的时间里实现参与率超过一半，准确率达 24% 的成果。这个结果也让他们这群志愿者觉得不可思议，到底是什么原因导致居民的参与率和正确率在最后的时刻发生了逆转？在做回访时，他们终于知道了答案。很多居民都说自己是被志愿者的这份恒心打动了，觉得自己再不分类都不好意思了，一旦开始分类了，又觉得没有想象的那么麻烦，而且因为分类，小区的环境变得更加整洁舒适，也减少了浪费，他们越做越喜欢了。后来，这个社区成为广州市垃圾分类 100 个示范社区之一。

分类在指尖，文明在心间。垃圾分类，人人都是受益者，也是行动者。袁淑文谈到，垃圾分类"站桶"服务执行的这 10 个月，从居民的不认可到居民向志愿者说出"辛苦了"，艰辛之余让她感到非常欣慰。她表示，做好志愿服务不需要挂在嘴边，坚持付诸行动，就能够潜移默化地感染并影响到他人。通过垃圾分类"站桶"服务让居民养成了垃圾分类习惯，虽然看起来是一件小事，但却是"以小见大"的。环保意识在志愿服务中传播，环保理念的影响力从带动一个人慢慢发展到带动一群人，通过这样的良性循环，大家齐心协力，就一定能为地球家园的可持续发展做出贡献。

身为中共党员，"站出来"已经成为袁淑文在生活中的一种习惯，面对力所能及的事情，她常常自觉地承担起责任。袁淑文说道："在我看来，党员的身份督促我更加积极作为，勇于担当，发挥先锋模范作用。此外，响应党的召唤为人民服务，并不代表着做宏大之事才能彰显成效，像是参与志愿活动，帮助他人解决日常生活的小事、琐事，也是为群众服务的一种体现。"

职业化，引领组织高效发展

问起"绿点"的拿手业务，袁淑文都会提到"绿豆丁爱地球"这个项目，这是一个通过支持大学生成为志愿讲师，给中小学生上环保课的事情，"绿点"一做就是15年，而且这么简单的事情却被不断优化设计成为一个持续创新的项目，并获得部委级、省级和市区级各领域的奖项超过20个。这是如何做到的？其实是袁淑文在2016年为"绿点"引入职业经理人的结果。

袁淑文发现，要运营好公益组织，不仅靠情怀，还要有专业化、职业化的团队

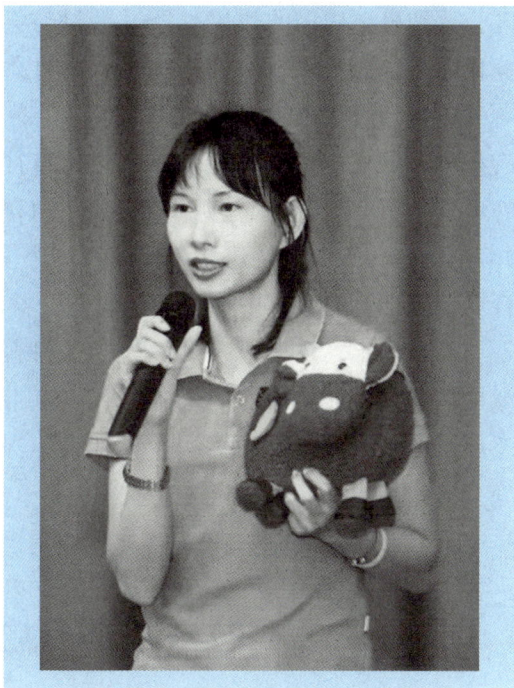

使用"低碳牛"教学工具面向青少年
开展环境教育活动

参与，于是她开始引入商业上的职业经理人，主要放在机构运营和产品开发岗位上。在"绿豆丁爱地球"这个项目中，通过颇受小朋友喜爱的益智玩具与环保知识相融合，让志愿者借助印有内容的玩具道具开展服务活动，将专业知识融汇于互动游戏，例如，"掀掀乐"垃圾分类知识翻盖游戏板、"水魔方"水资源知识折叠魔方、"汉堡的秘密"水足迹道具等。通过使用道具的形式，既起到了宣教作用，也降低了志愿服务的宣传难度，有效地减轻非专业环保志愿者的记忆负担。志愿者只需要设计活动环节，寓教于乐，就能便捷高效地将环保理念传播开来。此外，袁

淑文及其团队通过商标注册、公益合作授权等方式为项目构建了品牌化、标准化的项目体系，并将项目推广至四川、江西、湖北、陕西、甘肃、内蒙古等全国 10 省 26 市的机构合作执行。让环保志愿者以及更多机构参与到生态环境教育活动中，从娃娃抓起，让孩子从小树立环保观念、培养良好习惯，进而吸引家长参与，从个体影响到家庭，家庭影响到社区，达到事半功倍的效果。经过探讨与尝试，袁淑文构建的"绿点"职业化团队，为机构及项目品牌创建提供了坚实的支持。

项目陆续获得生态环境部"迈向生态文明，向环保先锋致敬"奖项、广东省环保公益龙头培育项目、广州市社会组织公益创投活动"十大品牌项目"等多个奖项。项目在广州市 170 所中小学开展环境教育课堂，并与其中 40 所中小学建立了长期开展环境教育的合作，也成为广州市教育局首批推荐的适合中小学生参与的公益活动推荐项目之一。

在近几年，乡村振兴政策为环保科普领域带来新的机遇和挑战，袁淑文在项目标准化体系的基础上，以点带面，通过"绿豆丁爱乡村"生态环境教育活动，推动美丽乡村建设，提升人居环境质量，响应全面实施乡村振兴战略。

做好"环保启蒙者"

"绿点"的发展模式，在袁淑文及其团队的打造下越来越清晰：立足大学生群体，辐射社区居民、企业员工、村居村民等不同公众群体，通过生态环境启蒙教育以及为公众提供最便捷的环保参与体验来"吸粉"，以"影响人"作为机构核心价值，成为公益环保界人才、环保关注者的绿色起点、流量入口，成为广州市社会组织里知名的"环保启蒙者"。以袁淑文为代表的"绿点人"一直坚守自己从事公益的方式，完成了从自发到自觉的成长。

侧重启蒙

袁淑文注重"绿点"的启蒙教育功能。"绿点"以环保启蒙者的角色,打造了一个环保关注者流量入口,袁淑文表示:"尽可能先让更多的人知道和关注,把人引进来之后再分流,我们会助力有兴趣继续深挖环保议题的志愿者,到更专业的组织层面做志愿者、实习生甚至从业人员。"目前,在"绿点"运作的重点项目中,袁淑文认为"绿豆丁爱地球"称得上是一个"明星"项目。该项目充分体现了"绿点"环保启蒙教育的理念,主要服务对象面向小学生,通过培养具备环境科学素养、教学技能的大学生环保教育讲师在校园持续开展环境教育,让小学生了解人与环境的关系以及联动学校、家长一起实践环保行动。项目每年有1000多名志愿者为2万多名孩子提供基础环保课程的宣传教育服务。

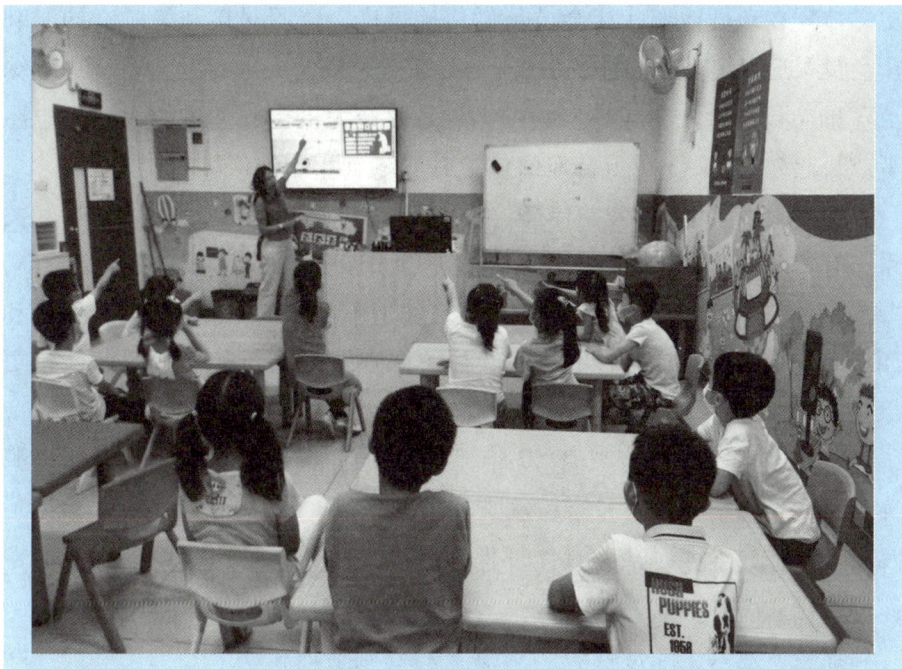

为幼儿园小朋友开展环境保护教育活动

在社会组织不断经历"洗牌",同类机构或转型或退出的环境里,作为广州市第一批注册的民间环保社会团体,"绿点"终于"熬"出了自己的生存之道。快速的节奏,碎片化的输出,巨量的内容提供,已经形成了当今社会鲜明的生产和生活方式。2020年,袁淑文及其团队为"绿点"提出了"为公众提供最便捷的环保参与体验"模式定位。便捷,意味着"门槛"低，工具化、标准化、可复制，也体现了"绿点"一直追求的"流量"。"绿点"做一切事务，都围绕着这句话，指导着所有项目服务的设计输出，也指导着机构的组织架构设定。于是标准化、工具化、多元化成为"绿点"的工作重心，并全力以赴地在所有的项目和服务中创建和表现。

粉丝模式

成熟的社团组织通常强调会员管理及服务，"绿点"却"不以为然"。"我们的会员是支持者，可以理解成粉丝，所以这方面服务不强，更多体现在动员他们，让会员帮做传播推广，资源对接和筹款，同时利用会员渠道让更多人关注到我们。""绿点"秘书长袁淑文介绍道。"绿点"的会员来自社会各界，其中1/3是曾经为机构服务过的大学生志愿者成长起来的，2/3源自合作伙伴中对"绿点"非常认可的支持者。

"他们会帮我们做公益传播，帮我们收集社会各渠道资源的对接和关系，有资源会转介过来，其实可以说是会员服务'绿点'。"袁淑文分享，"绿点"并不追求会员的数量，甚至想劝退不活跃的"僵尸粉"，保留和团结有质量的会员成为核心力量，让"绿点"对会员的影响力和能量更聚焦。

从事生态环境宣传教育20年，袁淑文已经建立了庞大的专家资源库，培育了属于自己的专家粉丝团。"我们与众多教授、专业机构保持了良好的合作，当探讨某一具体环保话题时，我们能快速链接到相应的专家和管理者。"袁淑文说。

这些专业人士经常代表"绿点"对外做培训和成果分享，尽管"绿点"和孩子们讲的知识很浅显、很基础，他们也会请与内容相关的政府负责人、专业人士做专业把关，"很多专家为'绿点'提供专业支撑，都抱着志愿者心态，因为他们当中很多人都是'绿点'的粉丝。"

专注"影响人"

在广州，说起公益环保，外界立马会联想到"绿点"。"绿点"在环保方面是否足够专业？袁淑文直言并不是，"我们的专业是'影响人'。"据其介绍，近年来基金会的资助资金流向更偏重环保议题，旨在解决某一具体环境问题，且大学生和公众群体渐渐不再是资金投放的领域。面对这些变化，"绿点"表现出了高度灵活性，"我们的项目设计可以根据不同需求，从环保角度出发，来回应合作方"。对"绿点"而言，资助方、服务购买方、志愿者、服务对象都属于"用户"。"我们是做影响人的事情，不聚焦某个环保议题。"袁淑文认为，所有问题都由人造成，今天解决了某个问题，不代表明天不会发生。所以，影响人，才是最核心和根本解决环境问题的一个本质。虽然过程很慢，甚至看不到结果，又或者你难以证明这个人和这个问题有无直接关系，"但我们相信，就一定要坚持"。

"我们的使命始终没变，就是要让更多人成为'环保行动者'，支持、培育他们去做更多环保公益的事，去影响更多的人。大学生仍是最积极的那部分，这个群体，'绿点'不会丢。"这是"绿点"团队所达成的一致共识。

打造品牌项目

在 20 年的发展过程中，袁淑文亲自设计策划并不断完善了"绿点"两大支柱品牌项目——高校环保社群培育项目和绿豆丁爱地球生态环境教育项目。通过持续影响大学生这个未来社会决策群体，前瞻性地为未来环境问题解决提供社群基础，同时激发学生的环境意识和创造力。

其中，"高校环保社群培育项目"是袁淑文亲自设计并实施时间最长的"绿点"传统项目，目的是支持大学生环保社群发展、促进社群的专业能力提升，以"在行动中学习"的方式培养环保人才。袁淑文认为，大学生是一个富有生命力、创造力与感染力的群体。袁淑文希望通过影响他们，组织他们，帮助他们，陪伴他们，使这群未来的精英、未来社会的中坚力量和决策者具备环境保护意识，关注环保，践行环保，乃至影响、推动更多的人参与环保行动。这个愿景很美，很宏大，但在实践过程中，也相当困难。每年，袁淑文都要为项目筹集资源，包括整合高校社团、环保 NGO、公益界及环保领域专家、环保热心人士、基金会和企业、政府部门和公众等社会资源，为高校环保社团及志愿者社群提供实践指引和资金支持，提升大学生参与环保实践的能力、社团传承能力与学习能力，扩大高校学生参与环保的深度和广度。2015 年以来，在袁淑文的带领下，项目为广州乃至广东多所高校的环保社团提供资金与能力建设的支持，袁淑文不仅自己成为其中的导师，还邀请具有丰富环保经验的专业人士为社团开展项目提供专业指导，组织线上线下专项能力建设和交流活动，参与的环保社团成员逾千人。

为大学生志愿者开展环保志愿服务培训

愿更多的人成为"环保控"

从创办至今，袁淑文和她的团队尽心尽力为人们提供常态化的环保服务，让环保知识浸润人心。在他们的努力下，带动了越来越多人参与到环境保护的日常工作当中。袁淑文希望，通过不断地普及环保知识、开展环保活动，能向社会播撒绿色的环保种子，推动人们积极关注环境的变化，保护生态环境，甚至加入到环保志愿者的队伍之中。"环保志愿服务是随手可做的，期待大家都来尝试，成为一名环保志愿者。"

如今，她所发起的环保公益组织"绿点"不仅成为 5A 级社会组织、广州市品牌社会组织，她本人也获得了 2019 年度全国"百名最美生态环保志愿者"、2020 年度全国学雷锋志愿服务"四个 100"先进典型最美志愿者、广州市志愿服务专家智库环保公益类专家成员、2021 年广州市社会组织优秀党务工作者等荣誉称号，参与主创的正式出版的环境科普读物《绿豆丁历险记》获 2021 年度广东省环境保护科学技术奖"科普类奖"。她同时作为广东省环保组织 4 个代表之一，参与广东省"十四五"生态环境保护规划建言座谈会，为广东省"十四五"生态环境保护规划编制建言献策。她采编各类环保科普信息和撰写环保案例，超 50 篇被报刊刊登或收录在图书案例集中。其中，《青少年环保设施研学与环保实践项目》入选全国"环保设施和城市污水垃圾处理设施向公众开放"优秀案例；《"绿点"培育青年治水力量 提升志愿服务内涵》入选广州市河长办编辑的《共建共治共享·广州治水案例》；《垃圾分类进校园，共创美丽社区，青少年主动担当》入选团市委主编的《广州青年志愿服务100 个暖心故事》；"番禺区环保宣教及研学项目"收录于广州市社会组织研究院指导编写的《社区慈善工作者手册》中作为案例。

在袁淑文多年身体力行的引领下，"绿点"的志愿者们将继续坚持并带动身边的小伙伴传递生态环境保护理念，他们好似风中飘过的一颗颗种子，虽微小，却坚信总有一天能将绿意传遍城市。

奔赴山"海"，传承"关"爱

——番禺海关青年志愿者卢佩欣①的故事

从番禺海关学雷锋志愿服务队新手，到广州海关"海关课堂进校园"项目讲师，从国门生物安全法治宣传教育基地讲解员，到海关总署扶贫支教老师，卢佩欣有过多次身份转变，但志愿奉献的心始终不改。

她常常感慨，在逐光的征程中，也能照亮别人，是何其幸运的事情。

志愿服务，从"心"出发

"那是一只鸟！""有蛇！""一把金色的钥匙！"参加活动的小朋友们把卢佩欣团团围住，七嘴八舌地描述着他们眼中的中国海关标志，欢笑声、讨论声、抢答声交织成一片。面对小朋友们的热情，卢佩欣一下子有点招架不住。2017年11月，这是她第一次参加广州海关"海关课堂进校园"公益志愿服务项目的活动，却是项目团队自2014年成立后走进的第20间学校。

"小朋友们说的都对！咱们中国海关的标志，左边是一把钥匙、右边是古希腊商神——赫尔墨斯的手杖，上面长了一对翅膀，还缠着两条蛇，象征着海关哥哥姐姐把守国门的职责。"娜姐笑眯眯地接过话茬，指着制

---

① 卢佩欣，番禺海关学雷锋志愿服务队志愿者，志愿服务时数约1200小时，积极投身于扶贫支教、科普宣传、社区服务等公益事业，曾荣获"广东省优秀团员"、广州市"最美志愿者"等荣誉称号。

服上金光闪闪的标志解释道。娜姐是"海关课堂进校园"项目的创始人与资深讲师，也是卢佩欣进关后把她领进门的师父。"跟我一起去'进校园'吧！感受一下现场的氛围，回去以后你也可以给家里的亲戚、小孩讲讲'海关是做什么的'，让他们更了解你。"

卢佩欣答应了下来。确实，把守国门的监管工作性质使得海关的工作内容有些"神秘"，比如进出境监管中对货物及运输工具的查扣、罚没以及对旅客携带物的限

在广州加拿达中英文幼儿园开展
"海关课堂进校园"活动

制等，容易造成公众的误解。而"海关课堂进校园"就是一个拉近海关与公众距离的好机会，通过寓教于乐的互动课程，讲授文明出入境知识，由规范师生行为做起，带动规范家庭和社会的通关行为。

"加油！1班加油！""快完成了！"小朋友们的加油声一下子把卢佩欣的思绪拉回了现场。舞台上，三年级4个班的代表正两两一组，完成着关徽拼图，小朋友们有的眉头微蹙，有的自信满满，那认真的模样可爱极了。

卢佩欣被小朋友的快乐感染，逐渐也进入了状态，和其他志愿者一起带着他们做游戏、学知识：在"通道选选看"环节，小朋友拿到行李物品的图板后，根据娜姐对申报通道、无申报通道、禁止携带物品的讲解，判断手上的物品该走什么通道；在"通关算算看"环节，小朋友结合"旅客出入境可以携带2万元人民币、5000美元现金""持护照入境的16岁以上旅客可以免税携带香烟400支、酒精含量12度以上的酒精饮料1500毫升"等通关规定，进行行李物品数量计算并抢答；大家还一起

做12360手指操,"一微微笑,二比个耶,三像只猫,六头顶角,零画个圈",小朋友很快就记住了海关服务热线。

"努力让每一名孩子从小就亲密接触法治海关、法治中国的传播理念,通过小手牵起大手,来带动全社会文明进步,是我们团队志愿者坚持的'初心'。"娜姐说这话时,眼睛里闪烁着坚定又向往的光芒,当时卢佩欣只是似懂非懂地点了点头。但是那天,学校舞台上下,200多双小手张开来一起做海关12360手指操的场面,已然深深地刻在了她的脑海里,想起来心里便暖暖的。

"关"怀备至,温情陪伴

2018年6月,卢佩欣在番禺区培智学校度过了一个特别的"六一"。她刚走进教室,孩子们便兴奋地投来拥抱,对于这些特殊儿童来说,海关哥哥姐姐的制服和脸庞并不陌生。听其他志愿者说,这已经是番禺海关学雷锋志愿服务队第4年来到培智学校了。

拉着孩子们的手,游戏开始了。因为特殊儿童在肢体、智力、动手能力等方面不同于普通的孩子,而且他们各自又有不同,志愿者们根据这些情况,结合组织"海关课堂进校园"志愿品牌活动的经验,专门设计了针对特殊儿童的小游戏和软轻质道具,在反复向培智学校老师、资深特殊儿童志愿者"取经"之后,特别开辟了"海关课堂进校园"之"海关来作伴"活动。只见孩子们有的正拿着塑料小圈,兴高采烈地套在穿着定制海关制服的小熊公仔身上;有的正跟哥哥姐姐一起,把分为3块的海关标志立体板拼接完整;有的正抓着一把印有海关标志的小磁铁,一个一个地粘到海关卡通人物身上相应的位置,还时不时地抬起头,望一眼海关志愿者身上的关徽……与以往在普通学校举办的文明出入境通关规定知识类活动不同的是,在这里只要孩子们玩得开心就好了。

卢佩欣穿梭在这场"游园会"里,为完成"任务"的孩子贴上一枚印有海关卡通人物的小贴纸。听着教室里弥漫的笑声、击掌声,她觉得很有成就感。

"姐姐，我涂红色，可以吗？"拿着刚收到的画笔和镂空的中国海关标志涂色画纸，一个红衣小女孩怯生生地问道。

"中国海关的标志是金色的，但你喜欢什么颜色，也可以给它穿上那个颜色的衣服。"卢佩欣对她露出一个大大的笑脸以示鼓励。

"那涂彩色！"小女孩放松下来，拉住了卢佩欣的手。

卢佩欣坐到了小女孩的身边，边看她涂色，边给她递画笔。小女孩心目中的海关在纸上渐渐有了模样：金灿灿的权杖上，长了一双如天空般蔚蓝的翅膀，两条碧绿的小蛇缠绕在权杖上，守护着一把五彩的钥匙，仿佛能为小女孩打开拥有无限可能的未来大门。

欢乐的时光总是过得很快，活动转眼就要结束了。卢佩欣正低头收拾道具时，突然感觉有人从身后紧紧抱住自己，回头一看，原来是刚刚的红衣小女孩。

"姐姐不走，"小女孩的拥抱温暖又充满依赖，"我们玩。"

卢佩欣转过身来，蹲下，轻轻握住小女孩的手，摸了摸她的头："你们要准备下一节课啦，姐姐下次再来看你。"正当她要站起来的时候，小

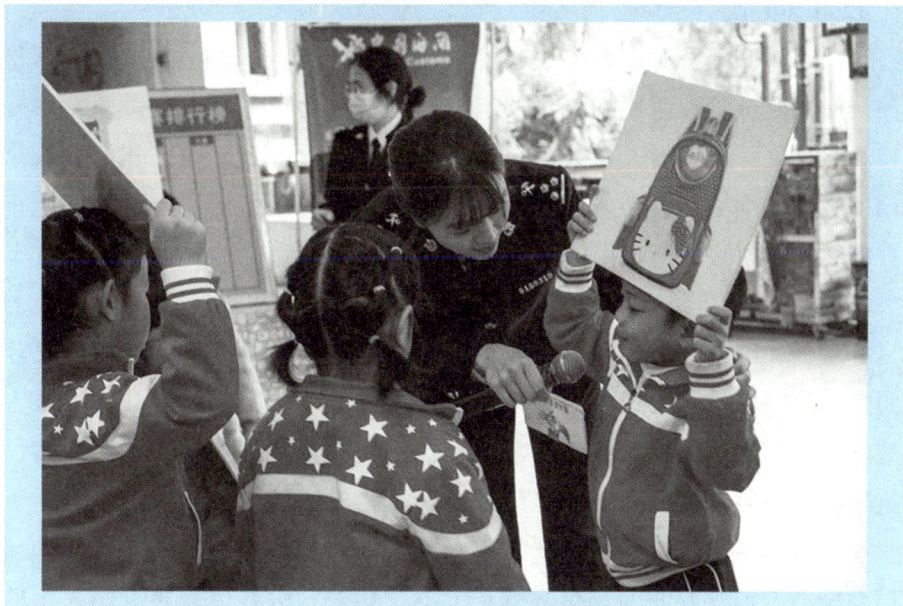

在番禺区洋洋幼儿园开展"海关课堂进校园"活动

女孩一下子急了，紧紧地攥住卢佩欣的衣角，脸蛋涨得红扑扑的，大大的眼睛里泪花不停地打着转，满是不舍。

心里最柔软的地方被戳中了，卢佩欣鼻头有些发酸。"先回去好好上课，姐姐一定再跟你玩，我们拉勾勾。"说完，卢佩欣也给小女孩回赠了一个大大的拥抱。

"志愿者与孩子们的爱永不失联。"在回去的路上，卢佩欣突然想起了娜姐说过的话。

"那就继续把这份爱传承下去吧！"她坚定了自己的念头。

新晋讲师，蓄力出发

在志愿者前辈们的指导和帮助下，卢佩欣逐渐成长为番禺海关志愿服务队的骨干力量和"海关课堂进校园"项目核心讲师，走进广州市番禺区、天河区、越秀区等多所幼儿园、小学宣讲生物安全知识，覆盖师生 1200 多人次。

"大家可以看到，海关关员正在进行的是鸟类动物禽流感抗体检测——血凝试验和血凝抑制试验，以及灵长类动物 B 病毒抗体检测——ELISA 试验……"当天是第六个全民国家安全教育日，在广州海关长隆国门生物安全法治宣传教育基地的野生动物隔离检疫监测点，卢佩欣正在向游客介绍实验窗口里的动物疫病检测实验。

自 2021 年生物安全法实施以来，为营造"国家安全，人人参与"的良好氛围，广州海关打造国门生物安全法治宣传教育基地，在广州长隆野生动物世界景区设置育雏室、血液检测室等 13 个实验窗口和 35 张主题展板，并通过电子屏滚动播放海关执法现场视频和照片，让广大市民近距离、多角度接触国门生物安全知识。

成为一名合格的基地讲解员并不是一件容易的事，从磕磕绊绊到自信满满地走到游客面前，卢佩欣下了不少功夫。讲解员需要查阅大量的动植物检疫资料，包括法律法规、监管条例、科普知识，以及各种趣味故事,尽量把专业性较强的进出境动植物检疫法律知识生活化、简单化,才能达到"用通俗易懂的'大白话'把维护国门生物安全的意识印入群众头脑里"的效果。

将讲解稿捋顺以后,卢佩欣就按照要求用两三天的时间熟练背诵上千字的稿子,通勤的时候背、休息的时候背,并一遍遍地对着镜子调整自己的表情、发音、语调、语速。

面带微笑,佩戴好耳麦,卢佩欣在国门生物安全法治宣传教育基地满怀热情地进行讲解。

在广州海关长隆国门生物安全法治宣传教育基地进行普法宣讲

"'战神'甲虫看起来人畜无害,还有点可爱,它真的这么危险吗?"在天鹅湖"生物安全法"展区的参观过程中,一名中学生指着其中的法治案例图片,好奇地提出疑问。

"这个活体甲虫成虫是广州海关在入境邮包中截获的。根据我国法律规定,甲虫等各类活体动物都属于禁止携带、邮寄入境的物品。这只甲虫产地未知,检疫状况不明,可能携带疫情疫病,一旦逸散定殖,就会对我国生态环境、生物安全构成威胁。"卢佩欣详细地解答道,对每一张图片背后的故事早已熟稔于心。

传递爱心，山"海"有约

"把自己获得的爱和帮助分享给更多的人，把海关志愿精神传递到更远的地方。"从第一次看到海关总署扶贫支教项目的报名通知开始，卢佩欣连续3年提交了申请书，终于在2020年8月被总署选中成为第九批志愿者，来到了河南省卢氏县。

卢氏县是河南省面积最大、平均海拔最高、人口密度最小和贫困发生率最高的深山区县，当地人称"一沟十八岔，岔岔有人家，多则三五户，少则一两家"。卢佩欣所在的汤河中心小学三面环山，是由附近几条村的教学点撤并而成，虽然更好地整合了教学资源，但不少学生的家离校十几公里，三年级便开始住校。

开学那天的操场上，卢佩欣放眼望去，都是小小的人儿背着、扛着大大的被铺包裹，身边没有家长，高年级的帮低年级的搬行李，大家在宿舍里熟练地打扫卫生、铺床叠被，懂事乖巧得令人有些心疼。

学校共有5个年级，每个年级2个班，共255名学生。因为村里师资紧张，学校里的老师不多，基本都是"全科"老师，身兼数职，还要照顾学生们的生活起居。卢佩欣带三年级的英语课和少年宫活动课，平均每天需要上3节课，批改作业、练习册大概120本，晚上要带晚自习，结束后到学生宿舍查寝点数，回到自己房间后继续做课件、写教案，看公开课视频，通常一沾枕头就睡着了。

学生很快就和她熟络了起来，缠着让她给大家起英文名。她边翻《英文名大全》边想着每个学生的特点：Bunny最喜欢小兔子，Daisy笑起来眼睛眯眯、像花一样灿烂，Jerry个小又机灵，Tom是每天都和他一起的好朋友……

而学生们喜欢叫她Miss Lu，总会边喊边从远处跑来，扑进她的怀里，最后大家抱成一团，谁也走不动。

不久后卢佩欣便迎来了她人生中的第一个教师节。办公桌上早早地堆满了学生们写的小纸条、亲手叠的爱心和纸花。同行支教的郑老师,教的是四年级数学,卢佩欣因为时常去听课,也跟他们班的学生很熟。教师节这天晚饭后,四年级的学生兴冲冲地跑来办公室:"郑老师、卢老师,你们有空来我们班一下吗?"

"老师,眼睛闭起来,我们带着你们走,不能偷看哦。"学生们甚至神秘地拿红领巾蒙住了郑老师的眼睛。

好不容易走进教室,睁开眼睛,卢佩欣惊喜地发现,写着"老师,教师节快乐"的黑板前,讲台上五颜六色的小零食摆成了一个大大的爱心。

"老师,我们把所有的零花钱都拿出来,凑到一起给你们买零食啦,祝你们节日快乐!"说罢,学生们抓起零食不停地给两位老师喂到嘴里、塞到手里。

班长还组织大家排好队,唱起了歌。听说这排练了一中午。

"送给你小心心,送你花一朵,你在我生命中,太多的感动。你是我的天使,一路指引我,无论岁月变换,爱你唱成歌……"

这毫无杂念、毫无保留的爱,如何让人不动容?在学生稚嫩的歌声中,卢佩欣看见郑老师的眼里和她一样,噙满了泪水。

耐心浇灌,静候花开

在卢佩欣与学生相处过程中,除了那些暖心的记忆,还有气得人牙痒痒的时候。学生们调皮捣蛋起来,会撕作业本叠纸飞机,在课本上画画,排队的时候推推搡搡,午休的时候不睡觉,在走廊上追逐打闹。

与既往的印象不同,学校里不少学生存在"厌学"情绪,他们还不懂学习的意义,没有养成自律的习惯。班级里总是有几个学生不写作业、不记笔记,无论卢佩欣怎么语重心长,怎么声色俱厉都收效甚微,让她一度濒临崩溃的边缘。

这与缺乏家长的引导也有关系。学生三年级才开始接触、学习英语,更需要多听、多读、多练，但当卢佩欣在家长群里告知作业为"熟读、背诵句子"时，马上就有家长跳起脚来："三年级学英语？语数就够他们受的了，怎么还要背英语！"

卢佩欣耐心地解释道："语数英是孩子综合素质教育的重要部分，也是未来升学考试当中同样重要的三门主科课程。这一阶段打好基础很重要，背不下来熟读也行，能背尽量背，特别是对英语感兴趣的孩子。"

班主任也说道："家长作为孩子的第一个老师，应该时刻为孩子做好榜样。"

家长依然满不在乎："那要你们老师当花瓶吗？"

而更多的情况是，孩子由不识字的爷爷奶奶带着，父母因为外出打工，每年可能只有过年的时候回来，无暇照顾孩子学习。

因此，卢佩欣也常常反省自己："你看见这一个个缺少父母陪伴的孩子，期待着被关注的小心思了吗？你给予足够的爱与陪伴了吗？学生的成长和变化是一蹴而就的事情吗？你能像播种一样耐心等待他们生根发芽吗？"

为了激发学生的兴趣，拉近他们与英语之间的距离，卢佩欣想了很多办法：跳字母操，带学生边唱音标边用身体比画字母；开小火车，让学生读单词接龙分组比赛；演小剧场，陪学生戴着角色头饰进行口语练习……

卢佩欣还特意准备了一枚小印章。只要学生上课举手发言、课间主动背诵课文、课后作业得到"A ＋"的，就能在自己的"印章存折"上攒到一枚印章，集够一定的数量就能找卢佩欣兑换文具。

卢佩欣知道，最重要的还是走近孩子们，所以将爱加倍地倾注：陪他们一起做课间操，组织大家在操场上跑步锻炼，玩玩他们喜欢的老鹰捉小鸡游戏，到留守儿童家里走访，晚自习后去宿舍和他们聊一会儿天，抱抱那个爱想家的同学……

再一次月考过后，卢佩欣用一个下午一口气批完了两个班的所有卷子，两个班1/3的学生得了90分以上，她兴奋得冲到操场上跑了几圈。累了便躺在操场的草地上，她望着被群山环抱的夜空，终于知道了小时候摘抄的好词好句中，"繁星点点，宛如黑绒布上洒满了碎钻"描写的是什么样的场景。

那一刻卢佩欣的内心富足又温暖，恨不得告诉全世界，她的学生们比这夜空中的繁星还要美，她很爱他们。

岂曰无衣，与子同袍

汤河乡的冬天来得很早，11月底便飘起了初雪，气温基本在0℃上下徘徊。从小在广州长大的卢佩欣，第一次看到了大片飘落的雪花，也第一次对北方的严寒有了深刻的体会。

学校条件有限，一日三餐洗碗、住宿洗漱用的都是冷水，卢佩欣脸上、手上裂了不少细细的口子，沾水便火辣辣地疼。她留意到学生手上长起了冻疮，在需要统一着装的升旗、集会上，他们只穿着单薄的春装校服。"有没有可能为孩子们准备一些防寒衣作为冬装校服呢？"一个"温暖的念头"在卢佩欣脑海闪现，她大胆地向自己的"大后方"广州海关汇报。

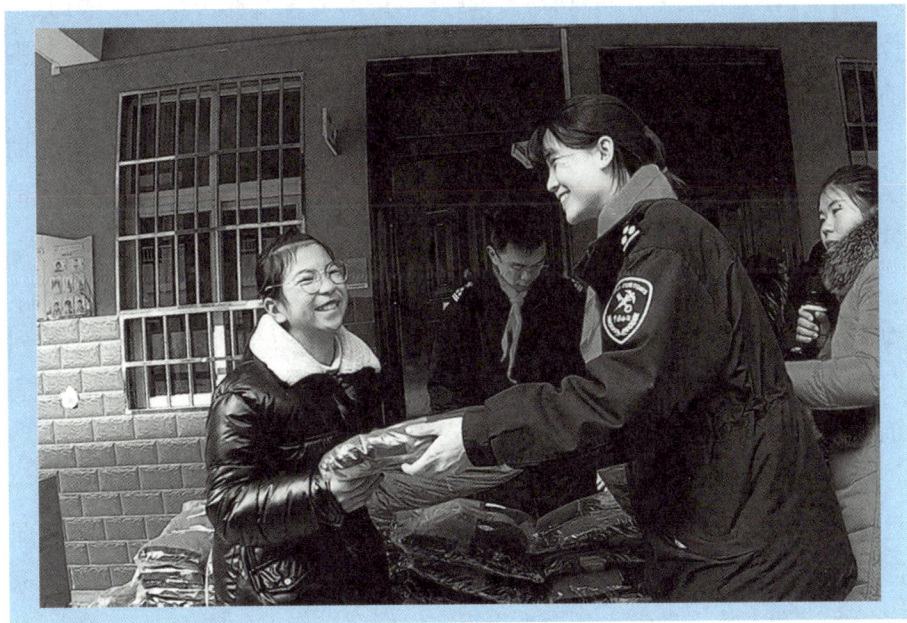

在汤河中心小学协助开展"岂曰无衣 与子同袍"广州海关爱心助学送温暖活动

"履行社会责任，开展公益志愿服务活动，帮扶支教点的孩子们，是我们落实总署精准扶贫工作的实际行动，也是广州海关推进精神文明创建工作的应有之意。"她得到了坚定的回复。

很快，一封《"岂曰无衣 与子同袍"——广州海关团委关于开展扶贫助学送温暖活动倡议书》在广州海关同事们之间传递开来。

"我们向全关各级团组织和全体团员青年发出倡议：在决战决胜脱贫攻坚的关键之年，按照自愿的原则，定点向河南省卢氏县汤河中心小学认捐防寒过冬衣物，为支教点学生的学习生活送温暖，用'穗关温度'呵护山区孩子的求学梦。"

倡议书发出后，全关上下广泛响应，"穗关团书记""穗关党建工作""青年党校第六期"等微信群不断刷屏跟帖，如同一场爱心接力赛，汇聚着来自整个关区的爱心力量。

短短一周时间，同事们便为汤河中心小学的全体学生完成了接力认捐冬装校服。当一捆捆崭新的校服整齐码放在教室前，学生们一下子就围了上来，迫不及待地想看一看、摸一摸。

2021年第一次升旗仪式，在汤河中心小学的操场上，卢佩欣穿着海关制服、全校学生穿着新校服，一起在飘扬的五星红旗下敬礼、唱国歌，像是参加了一场开启新年历程的特别仪式。红蓝相间的冲锋衣，配着胸前醒目的校徽标识，寄托着穗关人对孩子们的期盼与祝福。

"关"爱还在接力。番禺海关发起了"共享书香 情暖人心"爱心助学活动，为每个班的"海关爱心图书角"增添了不少图书，还用爱心捐款为学生们购买了学习用品、御寒用品。

广州海关"海关进校园、海关进企业、海关进社区"——"三进"项目团队，设计了"牵手汤河中心小学"环保学习书袋、防疫科普系列"口岸一体化生物安全方舱"笔筒、防护服穿脱教具，制作成承载着海关抗疫与互助关爱精神的"大礼包"，送到了学生们手中。

广州海关还录制视频组织"云参观"广东省爱国主义教育基地——粤海关博物馆，让一颗颗爱国主义的小种子在孩子们心里萌芽……卢佩欣清楚地知道，她从来都不是一个人在"战斗"，她背后是广州海关大家庭的关注和支持。助学力量微光成炬，定能照亮远方的路。

在给汤河中心小学三年级学生上英语课

见字如面，纸短情长

卢佩欣在课间时常跟学生讲起大山以外的世界，讲起她从前的校园生活，讲起最爱吃的早点店，讲起要好的朋友和家里的小猫。她想，也许支教的意义不仅在于给孩子带来知识的多少，更在于改变孩子的一些观念，让孩子们看到更广阔的世界，心生对美好生活的向往和对知识更多的渴望。

一次下雨天，体育课被取消了，卢佩欣给学生播放了广州的城市风光纪录片，又讲起了海关的故事。学生们很感兴趣，追着她问个不停。

"老师，广州好美呀，我以后也能去看看吗？"

"老师，海关能保护小朋友吗？"

"老师，给我们送礼物的海关哥哥姐姐是谁呀？"

何不组织一次明信片交换活动呢？卢佩欣一拍脑袋，"大家想给海关

143

哥哥姐姐们写信、画画吗?"

"想!"学生们异口同声地答应道。

卢佩欣抱着这样的想法联系了广州海关志愿者,双方一拍即合,分头做起了准备。

卢佩欣把教室的一角布置成"金钥匙驿站",找来了空白卡纸和彩色蜡笔,带着班上的学生们做起了手绘明信片。三年级的学生在表达上还略显单薄,但字里行间满是童真与美好:"你们的关心让我感受到了冬天的温暖""很喜欢你们的礼物,好想见到你们""谢谢海关哥哥姐姐,长大了我也要帮助你们"……明信片里还画满了彩虹、鲜花、爱心。

海关志愿者"一对一"的回信如期而至。明信片正面,是他们对孩子们的温暖励志寄语,背面则印有广州塔、五羊雕像、猎德大桥、中山大学等景色。学生们宝贝似地端着明信片看了一遍又一遍。

因为反响良好,卢佩欣把明信片交换活动范围从自己的班级扩大到三至五年级。孩子们与志愿者分享生活、倾诉心事、互问问题。高年级一个女孩主动和卢佩欣分享说,大姐姐给她写的回信满满地写了一页,还邀请她以后一起上广州塔摸摸云朵。

就这样,上百封信件,跨越 1482 公里,从层峦叠嶂的汤河到车水马龙的广州,承载着孩子们的梦想,也承载着志愿者的真情,为他们架起了沟通的桥梁。

在遥不可见的时空里,和远方的哥哥姐姐建立起陌生而又熟悉的联结,对孩子们而言,奇妙、温暖。

情谊永存,再会有期

不知不觉,距离支教结束的时间进入了倒计时。

在所剩无几的一节班会课上,卢佩欣问学生们"长大以后想做些什么"的时候,大家把小手举得高高的,有人想当医生救人,有人想成为故事大王给弟弟妹妹写故事。

一个身材娇小的女孩害羞地说,她长大以后想去海关,和卢老师做同事,还要一起保护国家,不让坏人进来。

突然,班上那个出了名的"捣蛋鬼"站了起来,声音格外响亮地说:"我想成为一名老师,像你一样,去教好多的小朋友,帮助更多有需要的人!"他眼神中的认真和坚定一下子击中了卢佩欣,在那个瞬间,她被这群懂得感恩、希望传递这份爱心和帮助他人的孩子深深地打动。

卢佩欣和郑老师决定再为学生们做一面手绘墙。他们连续花了几个周末,拿着画笔、颜料、调色盘,在寒风中一笔一画地勾勒着:正中央是汤河中心小学的校徽,左侧依次是厦门火车站、厦门大学、厦门海关,右侧则依次是中山大学、广州塔、广州海关。郑老师说,希望学生们以后看见这面墙,就能想起这里曾经来过两位海关支教老师。

于是他们又带着学生在墙上盖手印。五颜六色的小手印紧密地围绕着大手印。"这个学期结束老师就要回去了。希望你们好好学习,走出汤河,走出大山,有机会的话来看看美丽的花城;也希望你们可以读更多的书,有一天也能书写出属于自己的、更精彩的人生。"卢佩欣有些哽咽,"等你们的手和老师留在墙上的手印一样大了,我们一定会再见面的。"

离开的那天,天蒙蒙亮卢佩欣便起床,想趁学生还没来上学就悄悄离开学校,下楼却发现校门前已经站满了学生。原来孩子们特意调好闹钟,一大早就列好队等候着,只为了与支教老师道别。

排头的几个孩子挨个上前,给卢佩欣带上了亲手做的纸星星手串,还附上了他们的亲笔信。卢佩欣留意到他们的眼睛有点红肿,说话还有鼻音,明显是前一天晚上哭过没睡好。她伸出微微颤抖的手,紧紧地把孩子们抱在了怀里。她瞥见队伍里的不少学生又开始抹泪。

"卢老师再见!"

卢佩欣直到坐上车都没敢回头。当车驶上盘旋曲折的乡村公路,再一次穿行在山岚雾霭中,她打开了学生写给她的信:"老师,我舍不得你走。为什么这么容易遇见,却难以离开?"

"这是因为我们之间产生了联结,就像家人一样。"卢佩欣在心里默默回答,"这里的巍峨群山,你们的盈盈笑脸,将永远留在我的记忆里。海关和山村的情谊永远延续。"

青春梦的启航

——"青萌公益"青年志愿者奚少敏①的故事

她说"做过的梦要靠自己追,从凌晨到天黑"。

她是许多学生心目中的"知心姐姐"。

她是无数志愿者心目中的"榜样"。

她是我们努力追逐的"太阳"。

她投身志愿服务事业 10 余年。

她总能带来正能量,帮我们坚定信仰。

她是谁?

她就是青年志愿者奚少敏。多年来,她坚持组织大学生志愿者开展志愿服务活动,足迹遍布梅州、河源、惠州等地,无私奉献自己的时间与智慧,带领团队携手相牵,相伴成长。学生们总是对这个没有架子、笑容亲切、说话有趣的老师印象深刻。"小奚""奚奚""奚最美"……她指导过的每一届学生志愿者,总能找到一个合适的昵称与她迅速打成一片。

---

① 奚少敏,广州工商学院教师,青萌公益发展中心负责人,志愿服务时数近 2600 小时,致力于乡村振兴、社区治理等志愿服务,曾荣获广东省"三下乡"社会实践"优秀个人"(5 次),广东省委教育工委、广东省教育厅"优秀党务工作者"等荣誉称号。

从普通志愿者到志愿驿站站长

北京奥运会火炬传递志愿服务初体验

2008 年，北京夏季奥运会的火炬传递到惠州，点燃了这座城的热情，尚在惠州学院求学的奚少敏幸运通过了筛选，顺利成为火炬传递护航志愿服务队的一员，亲眼见证了象征光明、团结、友谊、和平、正义的圣火在惠州传递。只不过，彼时正在读书的她还不知，这次与志愿服务的偶然相遇，一粒萤火由此出发，即将点亮她未来十几年如一日坚守公益领域的心。

广州亚运会志愿者之歌很上脑

2010 年，第十六届亚洲运动会在羊城广州顺利开幕。奚少敏作为志愿者参与到亚运会的志愿服务活动中，在"一起来，更精彩"口号中，更加真切地感知到广州居民对于志愿服务的热忱和一座志愿城市在亚运会期间所做出的贡献。

回忆起广州亚运会志愿者经历，仍然历历在目，"刚到花都工作不久，我看到学校在招募亚运会志愿者，立马报名了"。当时，就职于广州工商学院的奚少敏积极报名广州亚运会、亚残运会花都区志愿服务，与同校的学生们一起负责维护场外秩序、答疑解惑、普及知识等；凭借出色的外语优势，她"切换身份"到项目经理，参与协助城市志愿者培训。尽管志愿服务加起来只有短短 20 多天，却为初入职场的她留下弥足珍贵的人生经历，带节奏感的手语舞、生机勃勃的"绿羊羊"、花式多样的"志愿彩"，还有那一声声的"一起来，更精彩！"……深厚的"志愿情结"在她心底生根发芽。

透过西关小屋爱上广州志愿之城

亚运会留给广州的不仅是更完善的基础设施，同时也带来更高的城市知名度，还有不断完善的志愿服务体系与硬件设施——亚运会期间，为满足远道而来的游客以及选手的各类服务需求，独具广州特色的"西关小屋"应运而生。

亚运会后，为适应发展需要、扩展社会影响力，"西关小屋"正式更名为志愿驿站，志愿驿站服务继续展示广州亚运会的青春活力精神，扩展了志愿服务的深度与广度。结合中国传统节假日及驿站区域特点，奚少敏有针对性地创立"冬日暖阳"为环卫工送温暖、"大拇指"工程等多项别出心裁的爱心志愿服务。

志愿驿站的志愿者主要由热心公益的"90后"在校大学生组成，身着红马甲的他们或许没有出色的技能，也没有丰厚的奖章。奚少敏将自己当作众多驿站守护者中普通的一员，和无数志愿者一样，甘于平凡。他们勇于坚持，无私奉献，保持着高度的凝聚力，以点滴聚江河，滋养着驿站成长；他们充满激情与活力，怀抱一颗颗爱心，给旅客指路、为环卫工送温暖、为老人家代买车票等，用一件件小事演绎着当代大学生的无价青春；他们以志愿驿站作为社会实践基地，携手共进，充分发扬"奉献、友爱、互助、进步"的志愿者精神，在服务社会中努力成长成才。而今，以大学生为核心力量的花都北站志愿驿站已发展成为花都志愿服务的一张亮丽名片。

志愿驿站服务心成长

作为花都北站志愿驿站站长，奚少敏招募志愿者队伍，积极服务于首届志愿服务广州交流会，为参展嘉宾和往来宾客提供引路、答疑及"志交会"宣传推广服务工作，为这场全国性的志愿者盛会贡献了青春力量。欣逢盛世，共赴盛会，多次大型赛事志愿服务的经历让她意识到，亚运会、奥运会、志交会的成功举办给人们留下的美好印象不仅仅是城市的标志性建筑和区域更好的发展，还有润物细无声的志愿风尚与社会文明。大型赛事志愿服务的经历，为奚少敏组建学校专项志愿服务队伍奠定了扎实的基础。

志愿驿站常态化发展至今，奚少敏坚持与大学生志愿者到驿站值班，并组织大学生开展了广州北站志愿驿站"心"传统、花都区明珠学校

"七彩课堂"爱心义教、花都区关爱外来工子女"向日葵行动""稻草人"爱心助学活动、花都社区"情暖夕阳红"、花都血站无偿献血、花都区民情服务、"大拇指"交通指挥工程、花都区"盘古王诞"志愿服务、"志愿在康园"等特色项目以及各类便民为民的服务工作。

这一座座暖心小屋对奚少敏而言分外亲切,在这里,她曾积极组织大学生志愿者参与志愿驿站的日常工作,带领大学生志愿者团队承接花都北站志愿驿站,无论艳阳高照还是阴雨绵绵,都坚持开展常态化志愿服务,向来往驿站的市民和游客宣传文明出行礼仪、为路人提供交通指引、解答旅客购票疑问……在广州火车北站,每一天都能看到学生志愿者们忙碌的身影。

从大学课堂到乡村支教课堂

没有下过乡的大学是不完整的

2012 年,在学校的策划及支持下,时任广州工商学院外语系团委书记的奚少敏组建了第一支大学生志愿服务队伍:外语系党支部"蓝精灵"实践服务队。2012 年 7 月初,她带领着"蓝精灵"们来到梅州市五华县沙渴小学,为今后长达 10 年的"三下乡"之旅拉开帷幕。2012 年暑期,"蓝精灵"们以梅州市五华县沙渴小学为基地,进一步开展实践学习和知识拓展,服务农村的儿童与农民,开展对当地小学生英语学习习惯、中学生学习压力、"三农"问题以及农村医疗保险的调研活动。

她认为,"艰辛知人生,实践长才干",通过"三下乡"实践活动促进先进生产力的发展,外语系"蓝精灵"们不仅为当地村民传播先进文化,还致力于关注关爱留守儿童与老人、宣传农村医疗保险知识等,服务人民群众的根本利益。他们通过扎扎实实的实践服务,增长了自身的才干和社会阅历,促进综合素质的不断提高,将所学的理论知识与社会实践相结合,不断完善自己,努力用言行做到"学以致用"。

"留守儿童，揪住了我们的心"

这一次的"三下乡"过程中，奚少敏和学生志愿者们遇到了一群留守儿童，他们性格迥异，灰扑扑的小脸上都有一双明亮的眼睛，"没人会祝我生日快乐的""我真的很不开心""好像没有人会爱我"……稚嫩的笔下是歪斜成刀刃般锋利的汉字，一笔一画书写着往日不被理解的难过，一笔一捺间潜藏着一颗颗谨慎、敏感却渴望被关爱的心。正是这场文字间的交流，让"蓝精灵"与孩子们走到了一起。从最开始的胆怯、抗拒，到10天左右相处后的亲密无间，孩子们对奚少敏与学生志愿者们的接受速度超出了预期。到最后一天实践结束的时候还有小朋友拉着她的手，恋恋不舍地追问："小奚姐姐，你们下次什么时候来呀？你们真的都要回去吗？"

青春梦的号角吹响

令她没想到的是，对这次下乡恋恋不舍的除了当地的留守儿童，还有自己身边的这群大学生志愿者。也许是下乡时被孩子们的欢歌笑语所打动，抑或是下乡时与孩子们的亲密相处太过难忘，当奚少敏以为下乡实践就到此为止的时候，大学生志愿者们叩响了办公室的门："我们还想去下乡。今年，我们还能去吗？"

这样的问题是她始料未及的，也正是在这一天，她开始思考长期开展社会实践的可能性与搭建一支有能力完成长期下乡任务的学生志愿服务队伍的必要性。

青春梦的公益之旅就此启航

2013年，在奚少敏的带领下，青春梦1队以广州市从化区良口镇为基地，服务农村农民、关注留守儿童、关爱空巢老人，积极开展了留守儿童兴趣课程辅导、空巢老人探访与农务扶助、当地环境保护宣传等主要内容，同时围绕当地留守儿童生存及发展状况、外来务工人员工作权益、空巢老人主观幸福感等开展调研服务活动。

青春梦1队队长钟翰迪曾说："期望社会能因为我们的存在而变得更

加美好。"这一年，是青春梦之队的启航之年，也是奚少敏在公益事业上专注耕耘的第一年。

2014年，以"德学助力青春·实践成就梦想"为主题，奚少敏带着青春梦2队走进创业园、工业园，深入到广州市周边地区的企业，开展创新创业、企业人才需求信息调查、企业与高校的合作情况调研等活动。她顶着乌黑的蘑菇头，和学生一路走一路看，积极开展调研、座谈、走访、素质拓展等工作，用行动诠释社会责任感、创新能力和实践精神。

2015年，奚少敏携青春梦3队再次来到河源市连平县龙隆街中学，以实践学习和知识拓展为内容，为当地学生传递"爱家爱国、尊老爱幼、助人为乐"的思想，致力讲好"良好家风"故事，培养中学生的志愿精神。在社会实践期间，带领学生一起开展"主题教育、素质拓展、心灵守护"三大板块的活动，通过"镜头下的'三下乡'"乡情摄影活动等项目，为当地学生带来轻松、快乐、充满意义的暑期生活。

青春梦3队队长朱桂林笑言："我们都是普普通通的人，但聚在一起，就能做一些不平凡的小事，这可能就是公益的力量吧。"

2016年，青春梦4队继续在奚少敏的带领下来到河源市连平县隆街镇隆街中学，顺着"一带一路"沿线地区对红色教育旅游资源的开发与保护进行走访，在保护了非物质文化遗产、关爱农村留守儿童和空巢老人等热点问题上深入调研，聚焦农村精准扶贫，尝试将青年公益力量融入其间。

青春梦4队队长叶婷婷说她最忘不了这位热心公益的大学老师："能够参与到小奚姐的志愿服务队伍中去做一些力所能及的事，是我们大学期间最难忘的经历。"

从青春梦1队到青春梦4队，奚少敏带着尚显稚嫩的团队在实践中探索、在探索中前行。她努力解决资金匮乏和志愿者流动性强等问题，不断革新传统的"三下乡"模式，积极争取社会联动。读万卷书亦要行万里路，在见世界、观天地的过程中摆脱局限与狭隘，拥抱一份独属公益的浩然胸襟。

从英语老师到志愿服务培训师

志愿服务也要专业化

见过大型赛事调动千万志愿者的系统、专业行为，也见过志愿服务驿站的架构齐全，开展了四年的志愿服务活动后，奚少敏对专业化、项目化的志愿服务有了新的认识。无论是单次志愿服务活动的 i 志愿时长登记，还是定期开展的志愿服务总结归档，她在实践中逐渐发现，想要志愿服务事业蓬勃发展，不能单靠一腔热忱，还要有足够的专业知识和能力，也只有这样，她才能够在未来带着"青春梦"志愿服务队在公益之路上走得更远、更好。恰在此时，广州志愿者学院的志愿服务能力岗位培训的通知映入她的眼帘，这一次机遇，为她打开了一扇足以窥见志愿服务浩瀚无垠的领域之门。

临渊羡鱼不如退而结网

从广州市团校志愿服务骨干培训到成为蒲公英志愿讲师团的一员，奚少敏注重提高个人专业本领和专业能力，不断以创新理论和专业知识来武装头脑、指导实践、推动工作，自觉学习新知识、掌握新本领，跟随志愿服务领域的大咖学习技能、应用实践，注重培养专业能力、专业精神，当取得团校骨干级培训、领袖级培训证书时，也为她的这条勤恳求知路画上了令人满意的句号。

但是好学如她，并不会就此止步，奚少敏坚持"学有所获、学有所得、学有所为"。她想，如果能成为一名志愿讲师，将能够带领更多的学生、更多的志愿者在公益领域行稳致远。经过层层培训、重重考核，她带着对志愿服务更加全面的认识与更加专业的素质技能站上了讲师团的考核平台，充分的准备让她在室内外考场上都不露怯色、从容应对，曾经许愿的成为一名更专业的志愿服务领域耕耘者，让她坚定信心、矢志不渝。在这里，身为一名高校教师，她有广阔的视野和宽宏的胸襟；身为一名志愿讲师，她秉持奉献的精神和担当的气魄，转换的是教学领域，不变的是育人初心。

梦想有多远，脚步就有多远

在取得中国中级志愿服务培训讲师之后，奚少敏加入广州志愿者学院组建的"V领汇"，从宣传部到行政部，从副主席到秘书长，她积极承接骨干级与领袖级培训班、"V订制"培训班、"V领导力"提升计划等活动，与"V领汇"的伙伴们传播志愿文化与精神，服务广大会员，这个更具专业性的团队让她发光发热。

担任主席团成员期间，她为"V领汇"相关通信员、网络管理员提供工作支持，带领宣传部完成"V领汇"宣传工作的组织、指导、实施、协调及考核。她组织开展广州志愿组织负责人俱乐部的宣传工作，注重运用新媒体工具，开辟志愿服务宣传教育的新阵地，为团队发展书写新的篇章。

在担任秘书长期间，她完成"V领汇"行政部工作系列规章制度的修订、"V领汇"会员管理、"V领导力"提升计划等工作，创新"V领汇"的工作思路和实现途径；担任骨干班、领袖班的教务员，参与骨干级、领袖级教务以及教学工作、为"V订制"培训班提供智力支持等。

除此之外，她还定期组织大学生志愿者培训班，每年招募并培养新志愿者逾300人，大大提升了学院大学生志愿者的综合能力，拓宽志愿者岗位能力的经验与资源；她还多次利用碎片时间，贡献自己的时间与智慧，帮助团队及伙伴进行志愿者培训项目设计与实施，多次为广州志愿服务岗位能力（骨干级、领袖级）培训班培训、为花都区志愿服务大学堂等开展专题讲座培训；她通过组织大学生志愿服务活动的长期实践，实实在在地促进广州市志愿服务事业的发展。

从青春梦到青萌公益

志同道合让我们走得更远

2017 年暑假，青春梦 5 队在实践基地河源市隆街镇开展为期 10 天的暑期社会实践活动。在河源的街头，奚少敏偶然遇见了流浪的小男孩，实践结束后她一直忘不掉男孩清澈的眼神，便又重新联系当地，发动社会力量，最终帮流浪小男孩找到了亲人，回到了家乡。

青春梦 5 队队长陈敏怡回忆起这个夏天，颇有些感慨："总有人劝奚奚不要做公益，可是这其中的乐趣又怎么能轻易割舍呢。"

青春梦 6 队策划了以"不忘初心跟党走，携手共同进社会"为主题的系列活动，在奚少敏的带领下共同学习习近平总书记"五四"讲话精神与纪念马克思诞辰 200 周年讲话精神，并引入急救知识、天文科普、核心能力提升、支教课程试讲、社会实践调研等各个方面的培训，强调理论与实践相结合，靠行动一步一步逐渐磨砺、丰富团队的羽翼。

青春梦 6 队队长成熟稳重的朱金明说："希望每一代青春梦队员都能不忘初心、牢记使命，在公益领域躬耕细耘，让青春在党和人民最需要的地方绽放绚丽之花。"

青春梦 7 队怀揣热情、奋勇争先，在奚少敏的带领下，群策群力完成村委及驻村工作队交付的各项任务，小蜜蜂与大喇叭常伴身旁，以助教搭档授课的形式，完成近 300 人的公益支教并顺利完成庆祝新中国成立 70 周年航拍任务等。在此期间，她遇到了初中辍学在家的小伟，一直关心、开导他，并和他保持长期联系，直到 2020 年，在当地村委和驻村干部的帮助下，曾两度辍学的小伟再次踏上了求学之路，还向她寄来了感谢信，感谢给他的陪伴与引导。

致青春，赞时代，青春梦 7 队队长陆咏媚依旧记得 2019 年下乡的那个夜晚，"窗外的青蛙都要睡了，奚姐却还在备课。这大概就是追梦人的模样吧!"

2020年，青春梦8队向着更具体系化的公益志愿队伍迈进，正式更名为青萌公益发展中心，简称"青萌公益"。在奚少敏的指导和带领下，以分队形式前往河源江坑、惠州低冚、广州天河等地，进行公益支教、文化调研等活动，还专程为患有眼疾的小青寻医问诊，公益志愿项目如雨后春笋，以青萌公益为基点而蓬勃发展。

青春梦8队队长曹容飘坦言："在今年，我'萌'能够把好事办好，是因为方法得当，而奚老师就是教我们方法的人。"

从青春梦5队到青萌公益，奚少敏带领团队在公益之路上创新不止，探索不止。

做过的梦要靠自己追

奚少敏相信，一件事认准了，就要长期做，才能更真切地感知它的变化。当青春梦之队的学生在志愿服务领域里扎根、不断成长，她感到无比自豪，这支一手组建并培养的队伍满载着她的心血，承载着她对人生意义的探索。正如习近平总书记强调的那样，中国梦、青春梦、个人梦，一个人可以有很多志向，但人生最重要的志向应该同祖国和人民联系在一起，这是青春的底色，也是人生的底色，要以青春梦托举中国梦。

对奚少敏而言，带队下乡的日子才是真正的快乐时光，干一天农活比在办公室对着电脑吹着空调来得舒爽；听"青春梦"的队员们讲冷笑话比酷夏喝冰可乐还畅快；吃半生熟的米饭啃咬不开的肉，反而觉得幸福又难忘；在田间俯瞰细小的河流和仰望威严的群山，要比在城市碎云累积的空茫里飞行踏实得多。她说："下乡真的是我一年之中睡眠最好的时候，沾到枕头马上就睡着了，如果平时能有这样好的睡眠就好啦。"

每当工作压力繁重的时候，她总是很快让自己冷静下来，她脑海里面的画面就是她的制胜法宝。

"清晨的阳光顺着窗沿照进乡村里的小学教室，唤醒了睡在窗边的她，揉揉眼睛坐起身，看着一屋子睡得东倒西歪的下乡志愿者学生，她忍不住咧嘴笑了笑。"

成长看似是一瞬间的事情，但她知道，黝黑的大伯挑着花生咧着嘴说谢谢你们，敬老院的老爷爷说外面热进来坐，小朋友说哥哥姐姐不要那么快走，大妈把自家种的南瓜送给下乡志愿者们加菜时的那种快乐，只有在经历中体会，才更显珍贵！

人尽其才：让有梦想的人发挥潜能

2020年11月25日，不知是谁突然提及"青萌公益"未来的发展方向，大家顿了顿，目光一致看向了忙着吃美食的她，她却连筷子都没有停下，"要不我去把青萌注册了吧，哈哈哈"，可能是计划，也可能是玩笑，整套流程的烦琐复杂大家心知肚明，便也没人追问，笑闹着换了话题，可只有人群中的她自己知道，一言既出，驷马难追。

2021年7月15日，广州市花都区民政局发来文件，"青萌公益"正式注册，成了公益组织大家庭中最年轻的一员。了却一桩心愿的她显得格外愉悦。从"青萌公益"到"广州市花都区青萌公益发展中心"，从1.0升级到2.0，标志着"青萌公益"由一个大学生公益社团迈向了非营利性社会组织，也标志着"青萌公益"将以更规范的管理，助力国家治理体系和治理能力现代化。

为热烈庆祝中国共产党成立100周年，她带领团队深入学习习近平新时代中国特色社会主义思想，坚定理想和信念，并在实践中努力落实。她认真研究新形势下青年学生思想特点与成长教育规律，切实把握青年学生的思想脉搏和思想政治教育的主动权，坚持用习近平总书记的重要讲话精神武装头脑，不断深化对习近平新时代中国特色社会主义思想的科学内涵和精神实质的理解把握，切实增强"四个意识"，坚定"四个自信"，做到"两个维护"。

受她熏陶，"青萌公益"在她的指导下，以多种形式展现青年一代的赤诚之心。也是在这一年，奚少敏带着"青萌公益"探寻红色故里、学习红色文化、传承红色精神，以红色赋能乡村振兴。

得知"青萌公益"的"萌友"成功入选广东省首届志愿服务振兴乡村行动名单时，奚少敏满是欣喜。但其实，这并不是第一个在毕业后选择奔赴农村、扎根基层的学生，在此之前，早已有不少多次参与"三下乡"后的学生在毕业时选择投身军营、"三支一扶"项目等，充分展现了

"青萌公益"的实践育人成果。近年来，越来越多的学生选择走向农村、走进祖国最需要的地方，这些发展变化离不开奚少敏以身作则、言传身教，在她的带领下，一批批青年学子前赴后继，先后投身于脱贫攻坚、乡村振兴、社会治理等领域，将青春梦想与祖国发展紧密结合，把青春故事写在祖国的大地上。

回看最初的选择，她更是笑弯了眉眼："我希望，'青萌公益'的价值，是在物欲纷扰的快节奏生活中，为一群有志青年提供一张安静的书桌、一片实践的天地，让他们在这段美好却又转瞬即逝的金色时光里塑造人格、找到自我，学会研究、认知世界，打好人生底色。"

从后方支援到抗疫一线

一起来云端筑梦

新冠疫情期间，学生足不出户在家上网课成了当时的一种教育模式。为积极响应国家的防疫措施和"双减"政策，奚少敏带领"青萌公益"多次策划，为众多中小学生提供线上心理陪伴、课业辅导、兴趣培养、党史学习教育、红歌教学、传统文化学习等的帮助和教育，自此，在尝试和摸索线上"云辅导"及助力抗疫的路上不断前行。

为了打赢疫情防控攻坚战，奚少敏积极组建抗疫志愿服务队，带领团队前往省定贫困村河源市东源县骆湖镇江坑村开展"争当抗疫自护小先锋"暑期夏令营，积极参与"'两帮两促'——云支教"活动，利用i志愿平台做好对接，开展线上支教，并成功为省定贫困村中的3名寒门学子筹措了中专读书的生活费；同时重点协助驻贫困村工作队推广扶贫产品，与团队着手打造、运营集网店、直播、社交、学习为一体的特色平台，通过互联网与电商助力脱贫攻坚。

2020年7月至今，"青萌公益"先后为广东河源洛湖江坑村、下屯村等开展寒暑假"云支教"；2022年1月，"青萌公益"在原服务基础上增加广州市花都区、番禺区两区的服务，为有假期辅导需求的中小学生提供线上公益辅导的志愿服务内容，为防疫一线工作人员子女提供课业辅导服务与成长陪伴。截至目前，共发动442名志愿者为116名中小学生提供"云辅导"，产生志愿时近2000小时。

开展党员抗疫志愿服务

她志愿参与疫情防控，组建学校党员志愿服务突击队，缓解学校疫情防控工作压力。筹划开展了学校党员抗疫志愿服务队抗疫技能提升培训班，组织开展自愿捐款活动，慰问身处疫情重点区域的师生等，让党旗飘扬在防控战疫第一线。

她及时宣传学校师生参与抗疫志愿服务的感人故事，积极组织学生广泛收集抗疫故事，采录了以钟南山院士名字命名的广州医科大学第一附属医院"南山服务队"以及南部战区总医院157医院志愿驿站的抗疫故事，弘扬伟大的抗疫精神，针对疫情下人们谈"疫"色变的现状，她与学生志愿者走访挖掘并讲出抗疫故事的感人之处，有效缓解学生的焦虑情绪。

核酸检测信息登记小能手

2022年年初至年底，为了更好地引领学校党员志愿服务突击队，奚少敏与学校教师志愿者们穿上防护服，戴上防护面罩，忍受医用口罩长期挤压给面部带来的不适，毅然走上抗疫前线，扫码、登记、再扫码、再登记……短短两个小时内便完成了600余名学生的核酸检测信息登记工作。在校园疫情防控常态化工作中，教师党员时刻坚守在校园疫情防控一线，用实际行动践行教育初心，彰显"以师生为中心"的思想格局。

作为一名青年教师、一名优秀的共产党员，她坚守一线，在学校与学生最需要的时候挺身而出，她用实际行动践行对党的忠诚、对教育事业的追求与热爱。

前路漫漫亦灿灿

自 2012 年开始，奚少敏便担任"青春梦"大学生志愿服务队领队，10 年不间断地带领学生团队奔赴河源市、梅州市等贫困地区开展暑期志愿服务活动，每一分的极致投入，都是她对这份公益事业的无限热爱。她动员大学生发挥知识技能优势，积极为基层农村贡献力量，服务农村的儿童与村民，践行志愿者精神，深得结对帮扶村的肯定、学校的认可、村民的信赖和学生的喜爱。在与志愿服务这热爱的事儿待在一起的时光里，奚少敏不仅有一群共同成长的好伙伴，更难能可贵的是，她的人生因爱与奉献变得充盈、闪光。

萤火点亮，爱心无限。回首来时路，不难发现，"青萌公益"自诞生之日起便奠定了与时代发展、国家需要同向同行、共同前进的发展基调。从一个人到一支队伍，再到一群会员，青萌与奚少敏用爱心在志愿服务的星空中撒下点点萤光，他们立足当下，步履铿锵，以一步一个脚印的韧劲，走出了长达 10 年的坚守。展望新征程，他们将以坚定不移的初心，迎接下一个 10 年。

照进南站的青春之光
——广州南站青年志愿者周业忠①的故事

"在我最孤独的时候，是你让我的心不再冰凉。在我最无助的时候，是你给我奋斗的力量。无论你在哪里，都是微笑的模样。无论你在哪里，都带来持久芬芳。"如果你是一名青年志愿者，他相信，你也会有和他一样的感受。

他是谁？

他叫周业忠，一个热衷于做志愿服务的新时代青年。他是读大学一年级的时候开始参与志愿服务的，志愿服务已经陪伴他走过了将近4个年头。现在，志愿服务成了他生命中不可或缺的一部分，成了他的一种生活习惯。当周末的第一缕阳光照射进广州南站的站台，别的同学还在睡懒觉，他却已经沐浴在阳光中开始了一天的志愿服务活动。他越发深切地体悟到：志愿服务可以书写最美青春故事，让我们的青春更闪亮。

初试，发现热爱

在2018年9月，周业忠刚踏入广州番禺职业技术学院，他从未设想过，这三年的时光将会给他带来多大的改变。

———————————————

① 周业忠，广州市番禺区青年志愿者协会理事兼联络发展部部长，广州南站地区志愿服务队团支部书记，志愿服务时数近6300小时，全力以赴投入暖冬行动、金雁关爱、志愿一夏、巡河护绿、疫情防控等领域志愿服务，曾荣获"广东省暑期三下乡优秀个人""广东省优秀共青团员""广州市最美青年志愿者""春运志愿服务优秀个人"等。

　　还记得，刚入学的周业忠仍然是一个非常内向的男生，不爱与他人交流，更享受一个人的时光，因而同学们都说他是个"安静的美男子"。大一新生军训结束后，学校团委正在火热地开展招新活动。由于周业忠较为内向的性格，他并没有加入社团、学生会部门等组织的计划。可是，志愿服务的红绳似乎早已和他系在一起。抵不住舍友的劝说，他们俩一起去了校团委志愿者行动中心面试，经过三轮面试和两轮素质拓展，他终于加入了校志愿者行动中心人力资源部。

　　那时候，周业忠以为这只是一个平时可以提供机会让自己参加志愿服务的部门，然而出乎他的意料，这是一个系统化、体系化地为同学搭建志愿服务桥梁的平台。这里拥有全校志愿服务信息和资源，负责全校志愿者的招募、培训及管理，以及开展志愿服务活动。而每次的志愿服务活动都需要经过细心地策划、精心地组织、耐心地带队、用心地服务，在这样一次次的循环中，周业忠点点滴滴的进步赢得了师兄师姐的鼓励和点赞，这逐步培养了他的自信心，更难能可贵的是，他结识了很多富有爱心的共同成长的小伙伴。他后来回想，他对志愿服务的热爱也许就是从此时萌生的。

到敬老院和老人家一起进行手工制作

这一切都让他越来越爱上这个部门，越来越热衷于做志愿服务，帮助他人带给他的快乐逐渐填满了他的青春碎片时光。后来，在各种类型的志愿服务中，都能看见他的身影，敬老院、图书馆、地铁站、高铁站、机场、旅游景点……他以实际行动践行志愿者精神，活动范围遍及广州的大街小巷。他说自己不是因为喜欢一件事而去热爱它，而是因为热爱一件事而喜欢它。有着大好机遇的新时代青年，关键是要夯实根基，久久为功。

以活动为明灯，点亮有趣人生

在大学二年级的时候，周业忠毅然选择竞选学校团委青志部干部，在志愿服务的道路上砥砺奋斗，以新的角色带领学校青年志愿者到各个地方各个领域开展志愿服务。

周业忠担任校团委青志部执行部长期间积极响应校团委的号召，组织并开展志愿服务活动30余项并荣获多项荣誉。从策划学校的迎新、无偿献血等志愿活动，到组织同学参加广州南站春运、暑运、沙湾敬老院等志愿活动，以及后来的独立策划2019年粤商大会志愿活动等，他在这一次次的磨炼与考验中逐步成长。在2019年，突如其来的粤商大会志愿服务活动落到了他的肩上，他并没有推辞而是义无反顾地接过重任，熬夜写出了2019年粤商大会志愿活动的策划案，赢得了老师和同学的一致好评。

同学们问他为什么不好好享受周末的休息时间，周业忠回答："我在做志愿服务的过程中就是一种放松、一种享受，它让我的人生变得有趣。"周业忠坚持做好学生的本分，在大学三年期间多次获得奖学金的同时，一有空闲就报名参加志愿服务活动。在参加志愿服务的过程中，在和别人的交流之间，拓宽了他的视野，更坚定了他加入中国共产党的决心。怀着对中国共产党的崇高敬意和向往，他努力向党组织靠拢，在争取入党的过程中，他愈加坚定自己为人民服务的初心，更加投入到志愿服务当中。一腔热血，满心奉献。

硕果累累挂枝头。在多年的志愿服务中，周业忠也获得了不少的荣誉。

2019—2021 年度连续两届荣获校级"优秀志愿者标兵"、2019 年 9 月荣获广州南站地区暑运优秀志愿者，以及 2020 年广州市"最美青年志愿者"。荣誉，不仅是对过去努力的一种肯定，更是对未来的一种激励。

周业忠始终本着"奉献、友爱、互助、进步"的志愿服务精神，热情服务、勇于奉献、身体力行，在志愿服务道路上继续前行，丰富自己的人生阅历，享受着做志愿者带来的无限快乐！

全程坚守，奉献真情

2020 年初，周业忠正在汕头老家准备迎接一年一度春节的到来，可当他在网上看到广州南站地区抗疫突击队在招募志愿者的消息时，他毅然放弃了和家人团聚的温暖时光，马上订票回广州加入南站抗疫突击队，加入"最美逆行者"的行列。

到了南站，给周业忠冲击最大的是，这个作为全国"八纵八横"核心站之一的车站已经褪去了往日的喧嚣，变得异常安静。正值中国人最期盼的农历春节，再加上突如其来的新冠肺炎疫情，导致南站工作人员调度不及，来去匆匆的旅客忐忑不安的神情溢于言表，初次到访的旅客面对着这种突发状况，眼中闪烁着急切的泪光在大厅徘徊。一些没口罩的旅客更是只能站在大门，望着一步之遥的列车远去……

当周业忠等抗疫突击队队员往服务台一站，一些没有口罩的、买不到车票的、住不了旅店的旅客都围了过来，等待队员们一一解答。为了让每一位旅客顺利到达目的地，在这个寒冬仍然相信明天的阳光会更温暖，周业忠每天必须提前了解公交、客运、地铁及高铁等运输工具的运营情况，必须提前明确地铁限流的时间，长途汽车增减了哪些线路，公交车又有哪些线路停开。周业忠坚守着岗位，他的多走一步，可以使成千上万的旅客少走一圈。

"苔花如米小，也学牡丹开。"平凡的周业忠也拥有同样伟大的心愿，倾尽所有微小的力量，奉献最好的自己。2020 年 4 月，离汉通道解除管控，武汉旅客返穗复工，南站正迎来客流高峰，共青团广州市委员会在南站设立武汉返穗人员志愿服务点。经学校请示允许下，周业忠带头组织了 15 名广州番禺职业技术学院的学生志愿者参加了南站抗疫突击队。在疫情防控期间，学生志愿者不再是简单的服务指引，在需要的时候他们可以是宣传员（宣传预防常识），可以是监督员（纠正不卫生行为），也可以是导购员（指导旅客买票、退票、改签、乘车），还可以是行李搬运员……

很多同学问他，每天要接触这么多来自五湖四海的旅客，尤其是在疫情态势不明确的情况下，难道就不担心、不害怕被感染吗？周业忠说，其实说完全不担心是不太可能的，但是他对广州的疫情防控有信心。广州南站有很严格的岗前培训，对如何正确佩戴护目镜、KN95 口罩和手套，如何使用酒精消毒液进行个人和公共场所的消毒都有严格要求。每个人都严格遵守防疫要求，这不仅是对自己负责，也是对他人负责。当然，周业忠身边也有谈新冠病毒色变的人，他们对周业忠参与广州南站地区防疫志愿服务工作倍感担忧。但周业忠告诉他们："我们的防护措施很完善，我不担心病毒传染，反而我担心因为病毒隔离了爱的传播！我

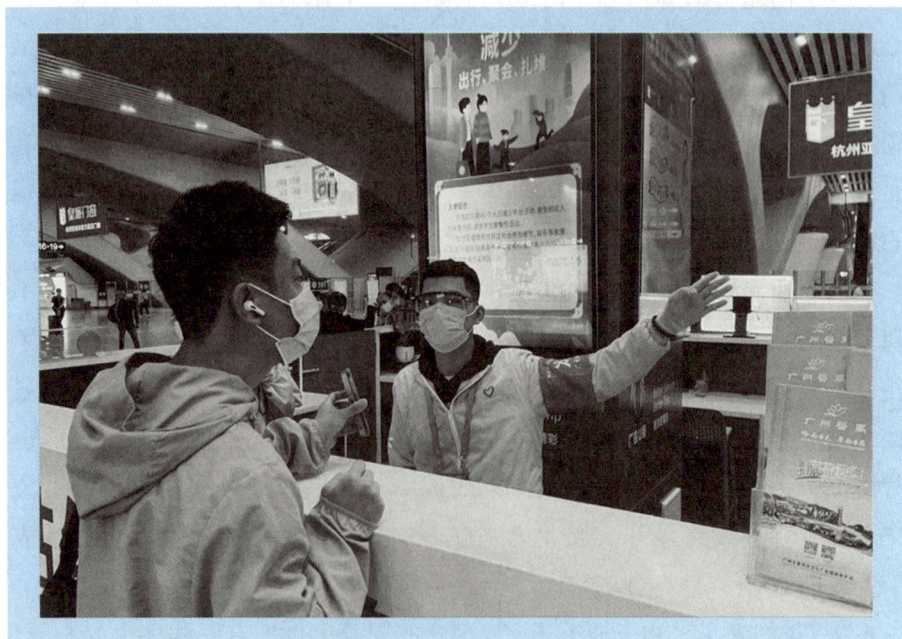

在广州南站党群服务站为旅客提供服务

相信爱可以攻克一切的难关！作为一名党员大学生，更要迎难而上。"一个人最大的动力，从来都是来自内心深处的感动和爱。就这样，怀着奉献的心，周业忠在南站坚守了三个月。

告白广州，爱上这座城

爱上一座城，也许是因为城里的一道生动风景，因为一口熟悉味道，因为一段甜蜜往事。又或许，仅仅只是因为这座城。广州一直以现代和开放的形象示人，在多数人的印象里，广州等同于早茶、珠江和小蛮腰。其实，广州这座城市最大的特点，除了低调，还有温柔和包容。

在疫情面前，广州这座城市没有人置之事外。该做事的做事，能发声的发声，让威胁和危机尽量地消解。一个城市好不好，不能靠嘴炮，危机和意外来临时，才会知道其治理水平，普通人的表现才是根本。而这些深深地打动了周业忠。他见证着，不仅是医生和护士，核酸采样现场的所有人，都竭尽了全力。市民在雨中有序排队，民警在暴雨中执勤，志愿者无声地付出……这就是广州的气质。

其实，广州早已成为周业忠心里向往的一道光。少年时，在广州打工的亲戚春节回家乡，说起自己的经历与见闻，家乡的小县城里顿时有了清新、改革和开放的别样味道，让他对广州心生向往。长大后，广州成了他向往的城市，毅然选择来广州上大学，而广州也没有辜负他的选择。

因为对广州爱得深沉，当广州南站地区抗疫突击队在招募志愿者时，周业忠义无反顾地投身志愿者行列之中。武汉重启，离汉通道打开后，共青团广州市委员会在南站设置了武汉返穗人员志愿服务点，为湖北籍和武汉返穗的旅客免费派发爱心礼包。周业忠明白，许多湖北籍旅客其实也是怀揣不安的，他们担心来到广州会被地域歧视。殊不知，千里之外的广州早已准备就绪。武汉是新冠病毒猛烈暴发的地方，武汉人也是受害者，而不是加害人。给他们安排符合防疫标准的集中安置场所，体现的是人性的温度，也是对疫情控制负责任的态度。对抗病毒，是一场人与病毒的战争，而不是人与人的战争。这场战争的出发点和落脚点都是爱，而不是恨和冷漠。要让爱成为对抗病毒的特效药，不要让冷漠成为加剧病毒危害的催化剂。

"我觉得我们要做的事情就是消除他们的顾虑，用微笑迎接他们，让他们感受到被接纳、被包容，这对于大家来讲都是一件很有意义的事情。"此刻的周业忠已经将自己彻彻底底地融入广州。为了家人的安全，周业忠等抗疫志愿者们整整60天没有回家，住在了统一安排的酒店。他们每天早上6点就进入服务区直到晚上6：00才离开，每天长达12小时的坚守，坚持了60天，只为守护这座城。

支援广州南站防疫工作
转运上海抵穗旅客到隔离酒店

在2020年4月12日广州市人民政府新闻办召开的第74场疫情防控新闻发布会上，周业忠作为志愿者代表分享南站抗疫故事，周业忠说了这样一句话："我们用微笑迎接他们，告诉他们在你们踏上广州的第一时间，我们志愿者欢迎你们，广州欢迎你们回来！"其实这不仅是周业忠自己的想法，更是广州人民的一致心声。那段日子，周业忠每天坚持的信念就是粤鄂同心，消除湖北旅客心里的顾虑，给予湖北旅客更多的关爱，使他们从心里感受到广州是一个具有包容性的城市。广州南站地区志愿者热情满怀，为温暖这座城市、弘扬社会正能量贡献了一己之力，每个人都在为这座城市变得更好而努力。

爱与温暖，在此传递

儿童走失，帮其寻亲。周业忠在广州南站上岗服务期间，曾经遇到一位刚从湖北天门过来与母亲走失了的孩子。小朋友说着一口家乡话，既不知道自己在地铁的哪个站下车，也没有记住母亲的电话号码。小朋友只记得爸爸和爷爷的电话，于是周业忠立刻进行联系。周业忠和志愿者一边安抚着小朋友，一边立即帮忙联系家人，结果爷爷电话关机，爸爸电话一直无人接听。经过与地方派出所、铁路派出所、地铁派出所多方联系，两个多小时后终于得到消息，孩子的妈妈正在汉溪长隆地铁站寻找孩子。当孩子的妈妈得知孩子走失在南站，她立刻乘地铁过来，一出站向着孩子飞奔而去。小朋友看见妈妈，激动地呼喊着，孩子最终回到母亲的怀抱，两人紧紧地相拥着，母亲的眼里饱含泪光。而此刻站在一旁的周业忠，眼角也湿润了。

旅客晕倒，立马去扶。暑运期间，盛夏七八月的天气，就像孩子喜怒无常的脸，说变就变。如果"运气好"的话，广州可能会一天之内就经历雾天、阴天和雨天等气候变化，"一天过四季"。那一天周业忠按日常安排坚守在岗位上，发现有一名旅客突然晕倒抽搐，倒在露天的雨地不省人事，天虽然下着大雨却十分闷热。志愿者们立即采取教科书式急救模式，一名志愿者拨打120求救、另一名志愿者就近报警，还立即把该旅客抬到无雨通风干燥的地方，拿来纸皮让其安全地躺下，不停地扇风和呼叫该旅客，等待、指引救护人员赶至现场，将其送上救护车。最终，该旅客平安无事。

语言不通，协助翻译。2022年春运期间，周业忠接到一名来自巴基斯坦的旅客求助。该旅客携带9大件行李与妻子和两个女儿同行前往白云国际机场乘坐飞机，但是因为语言不通到站台就不知往哪走。这时，周业忠"翻译官"为他搭建起了沟通的桥梁。旅客想呼叫货拉拉接送，货拉拉司机解释机场规定货车不能进入到机场候机室外停车区，下车后乘客需自行前往，较为麻烦。周业忠急中生智为其想了一个办法，呼叫两辆网约车，跟网约车约定上西平台接送，最后志愿者们帮其搬行李并送其搭乘网约车前往机场候机室。

趁青春探索，为热爱担当

不惧，本是青春模样；不退，彰显青年担当。在青年志愿者的队伍中可以看到，一张张脸庞虽然稚嫩，眼神却透露着坚毅；一个个虽是"职场"新人，却责任感爆棚，其实他们并不"佛系"。

既然这场疫情无法逃避，便只能"逆向而行"。网络流行这样一句话，"19年前全世界守护'90后'，现在换'90后'守护这个世界"。"90后"现在长大了，不管是组建青年突击队还是招募青年志愿者，都要把最精锐的力量放在最需要的地方，而青年的力量就在于那股子不畏不惧的韧劲。

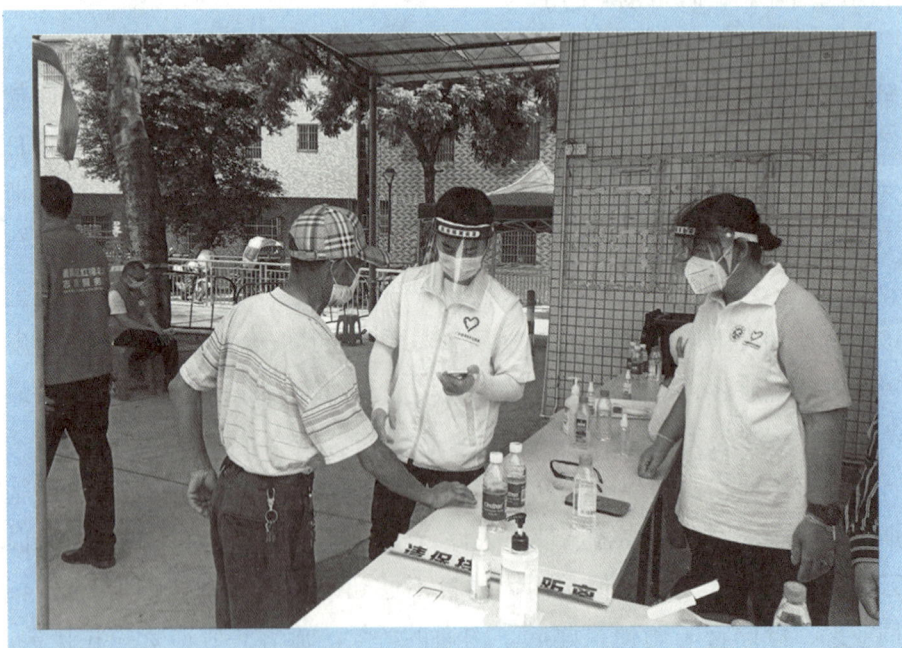

到大洲村支援大规模核酸筛查

在新冠疫情暴发之时，周业忠闻令而动，听令而行，积极参加疫情防控突击队。石壁街道大洲村、钟村街道祈福社区、番禺区节能科技园、石碁镇石碁文化广场等核酸检测点都有他的身影，他协助做好核酸检测采样扫码登记、现场秩序维护、资料核对录入、信息填报、扫码测温、问询指引等志愿服务。不畏高温、坚守岗位，用实际行动诠释着青春与责任，积极参与基层一线防疫工作，为疫情防控工作贡献青春力量。

虽然现在已经进入疫情防控常态化，但周业忠依然经常利用空闲时间参加协助新冠疫苗接种、信息登记、健康距离的监督、咨询指引等志愿服务。在参与疫情防控志愿服务的过程中，周业忠也见证了广州效率、广州温暖。"现在广州一旦出现疫情病例，招募志愿者协助工作时都有很多人报名。他们不辞辛劳，不畏艰险，坚守防疫一线。同时，广州市政府对居民的起居生活各方面都非常照顾，为有困难的老人等居民提供上门的核酸检测和其他服务，在核酸采样现场设立特殊人群优先通道，给老年人、孕妇、残疾人等有需要的人群提供便利，优先检测，落实全民核酸，不落一户，不漏一人。这座包容性很强的城市，并不会令人产生'独在异乡为异客'的感觉。"

谈到这些经历，周业忠说："我只是在做一名青年、一个建设者应该做的事，在这次抗击疫情的战场上，很多人付出的远比我多。"有多少人像周业忠一样，以青春的名义宣示"不惧""不退"，承担起属于自己的那份责任，写下抗击疫情的青春诗行。

毕业了，热爱还将继续

当同学问他毕业后想从事什么工作，周业忠回答说志愿服务就是一份"最美工作"。大学三年，周业忠说自己在学校不仅学到了知识本领，更可贵的是学会了感恩和付出。毕业后，他选择了坚持在志愿服务这条大道上砥砺前行。

很多人问他，做志愿服务又苦又累，到底是什么吸引了他？在周业忠看来，志愿服务就是收获喜悦和感动的过程。在志愿服务的大家庭中，每天都能遇见热爱志愿服务的伙伴，时刻都能聆听他们乐于助人的心声。尽管酸甜苦辣，更展志愿风采。

暑假是快乐与实践。2020年"三下乡"活动，周业忠组建服务队到茂名电白杨梅小学开展3D打印的宣讲会和宣传展。这次"三下乡"活动结合了他所学专业的特色，向杨梅小学的学生们展现科技的魅力，让学生们可以亲自体验感受VR、3D打印笔等科技设备。在此期间，实践活动主要分为支教和外出调研，支教以兴趣爱好的形式开展课程，例如手语课、手工课、科技创新课等；而外出调研主要针对环境保护和垃圾分类进行派发调查问卷，从而进行数据分析，完成报告。在这与孩子相处的短暂时光里，孩子们精灵般的笑声，美丽而不带杂质，都成为周业忠的美好回忆。从孩子们的微笑里，获得了一种满足，收获了一份感动，收藏了一份纯真。

目前周业忠就职于番禺区青年志愿者协会，作为南站专员负责广州南站地区志愿服务项目，在这个人来人往的站台，继续书写更多爱与温暖的故事。2022年，他不仅致力于疏通多种渠道，如广州南站地区志愿服务队公众号、i志愿系统以及番禺区周边高校推荐等方式招募春运志愿者；还积极开展全国大学生"返家乡"社会实践活动，春运期间一共招募了230名来自全国各地74所高校的大学生志愿者，其中党员18名，团员197名。周业忠还在此期间推行了"骨干带新手促成长"工作模式。每天都为新上岗志愿者进行系统的岗前培训，培训结束后安排岗位，由资深志愿者带班陪同，切身指导新加入的志愿者，为旅客提供线路指引咨询、行李搬运、老年人及重点人群服务、协助盲人购票乘车等志愿服务，协助相关单位做好客流疏导、疫情防控宣传、服务旅客取票等工作。

在2022年春运，周业忠始终坚守在热爱的岗位上。春运前精心组织，做好服务保障，使每一位志愿者更安心。每天都提前为志愿者准备好隔离面罩、KN95口罩、PVC手套、酒精消毒液等必要的防疫物资，提供统一上岗服装、志愿者服务工作证、志愿服务工具等。此外，在春节、元宵节期间还组织开展了节日志愿者交流活动。如春节期间组织志愿者吃团年餐，并进行团建素质拓展；在元宵节期间，组织志愿者坐下来一起吃汤圆、猜灯谜、做花灯，让志愿者充分感受中国传统文化的魅力。这也为广州南站地区春运志愿者的精神文化建设增添了新的色彩，为在寒冬里默默付出的志愿者们送去了一份温暖。

为广州南站地区志愿服务队的志愿者开展培训

新时代当有新作为。周业忠利用大学所学的专业知识，结合工作实际，创新方法。他注重突出典型引领，示范带动增强志愿服务影响力，对工作中发现的各类优秀事迹、经验做法，及时在公众号出简报或微信交流群中宣传推广，同时也借力各种宣传媒介加大宣传力度，发布广州南站地区春运志愿服务情况和志愿者的感人事迹，及时向社会传递广州南站地区志愿服务的正能量。用最真挚的笑容、最佳的服务态度为旅客提供专业、高效的服务。周业忠用心浇灌着志愿服务之花，让志愿服务为城市文明增光添彩。

志愿服务的故事还在继续，周业忠正朝着新目标进发。他以实际行动践行着习近平总书记的谆谆教导："希望广大志愿者、志愿服务组织、志愿服务工作者立足新时代、展现新作为，弘扬奉献、友爱、互助、进步的志愿精神，继续以实际行动书写新时代的雷锋故事。"他热爱着，在"赠人玫瑰、手有余香"中感受善的力量，在"我为人人、人人为我"

中增强主人翁精神，在民族复兴伟业中书写志愿服务新篇章。"我们所做的，很多都是点滴小事，但涓涓细流终将汇聚成海，在整个社会形成强大正能量。"

以红色为油墨，渲染青春底色

有一种青年，叫作红马甲青年；有一种成长，叫作青年突击队。自2018年开始参与志愿服务至今，周业忠从一个内向、性格孤僻的男孩，成长为一个能够独立策划组织活动的阳光青年。周业忠坚信"心中有阳光，脚下有力量"，他用自己无私的爱，在志愿工作者的岗位上默默耕耘，以朴素的情怀撒播爱与希望，不求回报，不图名利。他不仅自己参与志愿服务，更鼓励带动其身边的同学参与志愿服务。在宝贵的三年大学时光中，他努力让自己成为一个勇敢、坚定、有担当的人，毕业后继续奋战在志愿服务道路上，以坚韧不拔的拼搏精神，乘风破浪，勇往直前！周业忠说："青春最美好的回忆，是这些年在南站闪烁的泪光与热爱。"

谁说站在光里的才算英雄。岗位是平凡的，周业忠谨记自己的责任所在，怀着一颗奉献社会的心参与志愿服务，努力在奉献中实现社会价值，在服务中展现生命的意义，在志愿工作中彰显爱的力量。奉献青春热血，不辱使命，砥砺前行。周业忠说，怀揣着激情和期待，他会更加努力地投入到志愿服务当中去，奉献自己，燃烧自己，为社会发光发热。奋斗和努力的人生总会发光，焕发出属于自己的力量。

点滴微光，汇成"疫"路星海
——防疫青年突击队志愿者蔡健文[①]的故事

这几年，从社区到志愿驿站，从医院到隔离酒店，哪里有困难，哪里就有社区抗疫志愿者的身影；哪里有需要，哪里就有社区抗疫志愿者的及时援助。蔡健文，广州从化青年社区抗疫志愿队伍中的一员，一位活跃于社会公益的年轻人。蔡健文从 2018 年开始接触志愿服务，一直以来积极参与社区志愿服务，他用自己的行动，诠释了青春奉献与奋斗的含义，展示了蓬勃向上的中国青年形象。

从社区出发

志愿服务常常被称为"温暖人间的最美风景"，是人们奉献爱心、服务社会的重要方式，是社会文明进步的重要标志。自 2018 年以来，蔡健文已参加过垃圾分类、公益徒步、地铁站、高考、反传销、控烟等 200多场志愿服务活动，在担任校青年志愿者协会会长期间常常组织学校志愿者队伍开展各项志愿服务活动，为建设美丽的从化贡献自己的一份微薄之力，带领的队伍曾荣获从化区"青年志愿服务先进集体"称号。

"为什么选择成为志愿者？"朋友问他。

[①] 蔡健文，广州市从化区青年志愿者协会骨干，志愿服务时数超 1500 小时，全力以赴投入社区、志愿驿站及疫情防控志愿服务中，曾荣获"广东省优秀共青团员""广州市最美青年志愿者"等荣誉称号。

　　"得到居民的认可和支持，我们非常感动，这也是我们工作的动力和意义。"社区志愿者蔡健文回答道。对待身边每一位需要帮助的朋友、同学、老师等，他都会伸出援手，尽自己最大的努力去解他人之难。他相信，志愿者当以爱心为前提。服务社会、帮助他人不能流于形式，而是要发自内心，要用真心去关爱需要帮助的人，哪怕是一句温馨的话语，一个关爱的手势，都能给予人温暖的感觉。他一直在行动中不断践行着志愿奉献精神，深受大家的肯定和赞扬。

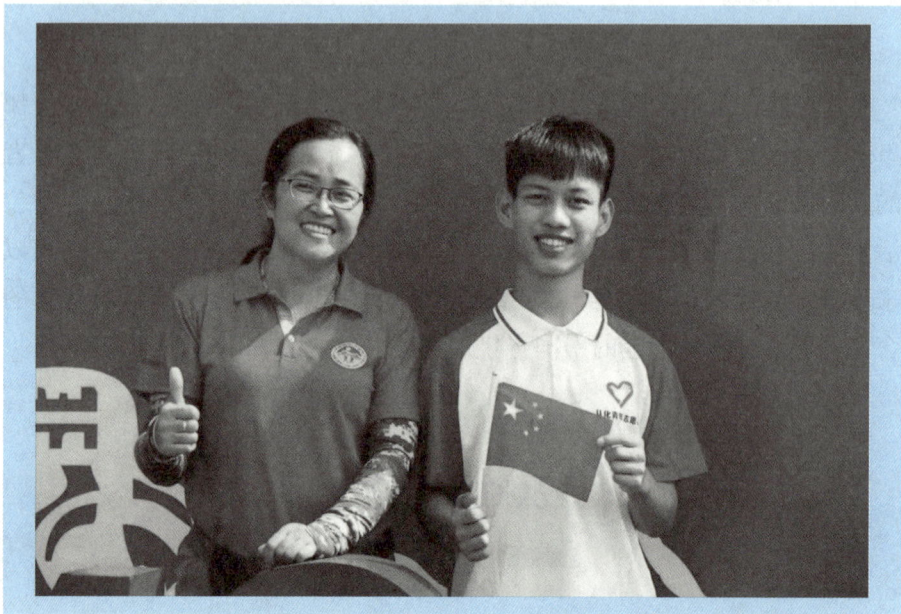

参与新中国成立 70 周年快闪活动

　　陌生的面孔、熟悉的笑容，是对志愿者准确的描述。萍水相逢，不变的是志愿者真诚的微笑；"忘了自己，宽了心胸"是对志愿者由衷地赞美。他们无私奉献，他们耐心包容。在 2020 年从化区花市义卖活动中，蔡健文连续多天从上午到晚上不辞劳苦地在义卖摊位向市民推销义卖商品。路人问他为什么不好好享受美好的寒假，他说："想为这些能帮助别人的区青协项目筹得更多的资金，帮助更多有需要的人。"同年年初，蔡健文参加从化区青协青少年爱心阳光热线吕田三村慰问的活动，为困难人士送上了新年的暖心祝福；组织 20 名学生志愿者参与 2020 "欧洲花艺大赛"中国选拔赛暨第四届优尼杯花艺大赛广州赛区预选赛志愿服务活动，保障本次比赛的顺利开展；2019年国庆期间，蔡健文主动组织学校的学生志愿者参加从化区庆祝新中国成立70周年文艺会演暨西塘稻草艺术季启动仪式，进行闪拍活动。不论是小事情还是大场面，每个需要帮助的地方都能看到他忙碌的身影。没有掌声，没有鲜花，没有报酬，他用一颗跃动着爱的心，承载爱的传递，将汗水融化成满脸笑容，快乐他人的同时也快乐自己。

参与社区志愿服务工作

　　青年志愿者是新时代雷锋精神的杰出代表。他们在社会的各个领域奉献着青春和热血，为国家和社会做出了很大的贡献，是社会主义精神文明建设的一支朝气蓬勃的生力军。在从化区深化全国文明城市创建工作中，蔡健文放弃难得的假期休息，主动参加区志愿驿站的值守工作，保障了工作顺利进行。2019年高考期间，蔡健文放弃端午假期，组织学校学生志愿者前往从化中学、流溪中学（原从化六中）两个考点，在场外为考生加油鼓劲，协助交警维持交通秩序。2019年冬至，从化区青协星火队组织安排前往江埔街凤院村探望孤寡老人，蔡健文积极组织学校志愿者参与，为孤寡老人送上节日的祝福。

　　"参与这些活动，对我来说不仅能够提升自己的工作能力、增长见识，更能够帮助到有需要的人，一举两得，非常有意义。我觉得，参与志愿工作是我人生中做过最正确的一件事情。"蔡健文说。做志愿者虽然放弃了难得的休闲时光，但他毫无怨言，因为他收获到的是玩乐中所体会不到的来自内心深处的满足与欢愉。爱就像是养料，净化滋润着我们的心灵。对于每一次的志愿服务活动，蔡健文都怀揣着一份发自内心的爱、一种认真负责的态度，即使平淡的生活和琐碎的工作，他都能找到那份内心深处的欢乐！他身体力行，让爱心在行动中播撒，让正能量在传播中延续，吸引带动更多人参与其中，为形成人人为我、我为人人的良好社会风尚做出了贡献。

参与志愿驿站工作

温暖代代相传

春节是中华民族非常重要的传统节日。在 2020 年春节来临之际，为弘扬民族传统文化、营造社区节日氛围，从化区青少年阳光爱心热线组织青年志愿者开展探访孤寡老人活动，为辖区内服务对象送上节日祝福。当蔡健文看到此场活动招募志愿者时，他毫不犹豫参与报名。活动当天，志愿者们带上慰问品，从从化街口自驾前往活动对象家中。总共慰问的对象有4户，而让蔡健文印象最深刻的是那位行动不便的孤寡老人。越过泥泞的山坡，终于到达了老伯的家里。当蔡健文推开门，映入眼帘的是四壁土墙，一盏闪着几缕微光的灯似乎在做着最后的挣扎。"出门一把锁，进门一盏灯"成了老伯生活最真实的写照。已到耄耋之年的老伯是低保户，孤零零地住在破旧的老房子里。带队社工和蔡健文等志愿者与老伯亲切交谈，了解他的健康状况，热情暖心地和他闲聊话家常，了解他实际存在的困难和问题，鼓励他积极乐观生活，让老伯感受到来自社会大家庭的温暖。在探访结束，志愿者们即将离开的时候，老伯紧紧地握住了蔡健文的手，"最开心的就是和你们聊天了。"老伯开心得像个孩子，眼里泛着晶莹的泪花，"有你们真好！"老伯连声表示感谢。

随着年岁增长，老年人正经历他们生命中的特殊历程，有的老人甚至出现行动不便、病痛缠身等状况。年轻时，他们为国家、为社会、为家庭挥洒过青春和热血，是这个伟大时代的亲历者、见证者。作为志愿者，应该给他们多一些关爱和陪伴，尽最大的努力让长者感受到晚年的幸福和温暖，让爱老敬老、关爱弱势群体的传统得以一代一代、一年一年传承下去。

奋战防疫一线

有一分热，发一分光。现实世界里没那么多超级英雄，更多的是挺身而出的凡人。在那个被疫情肆虐的寒冬，从化许多的社区抗疫志愿者，用自己的身体发出一分又一分热、一点又一点光，温暖了各个乡镇。自新冠疫情暴发后，蔡健文看到医护人员、警察、党员、广大基层干部等工作人员持续奋斗在一线，坐不住的他又一次挺身而出了。

"在抗疫一线，害怕吗？"好友问他。"说不害怕是假的。但是，一想到自己和队员们的努力可以保护全社区群众的生命安全，心中便有了勇敢的力量。疫情关乎每个人，作为一名共青团员志愿者，得知许多关于疫情的紧急报道，看到很多逆行者冲向前线，我甘愿成为像他们那样的青年，跟着团队冲锋在一线！"蔡健文用坚定的语气说。面对突如其来的疫情，他用勇气和奋斗践行青春誓言，于无声处尽显青春本色，在疫情防控攻坚战、阻击战、歼灭战中，挥洒着青春之光，彰显了强大蓬勃的青春力量！他常常主动与战疫青年志愿服务团队一起参与从化区青协的社区基层设岗排查工作，全力助力基层战疫。

"朝气蓬勃，乐于助人，主动担当，不辞劳苦，勤勤恳恳。"与蔡健文一起连续投入到抗疫工作的志愿者小伙伴如此评价他。奋战于"疫"线的蔡健文，用实际行动弘扬奉献、友爱、互助、进步的志愿精神，彰显了责任意识与使命担当。

习近平总书记在湖北省武汉市考察新冠疫情防控工作时强调："抗击疫情有两个阵地，一个是医院救死扶伤阵地，一个是社区防控阵地。"身为青年团员志愿者的蔡健文都切身参与到两个阵地的防疫志愿服务活动中。在明知困难和风险的情况下，他秉承不畏艰难和积极奉献的精神，奋战在防控一线，为打赢疫情防控阻击战做出应有的贡献。

在抗击新冠疫情的斗争中，从医院到社区，从一线到后方，许许多多普通人投入志愿服务，成为联防联控、群防群治的重要力量。新冠疫情发生以来，来自各行各业的志愿者活跃在疫情防控第一线，彰显理想信念、爱心善意、责任担当，为疫情防控形势持续向好、加快恢复生产生活秩序做出了贡献。在广州市从化区有那么一群人，他们穿梭在各社区、街道，为疫情防控贡献自己的力量，共同筑起防疫壁垒。

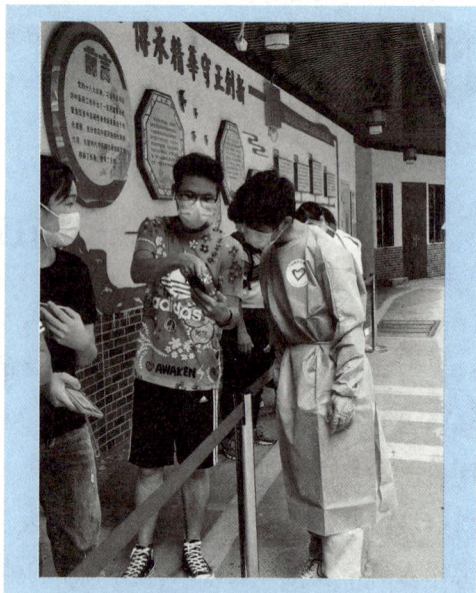

参加从化区中医院疫情防控志愿活动

"身为青年团员志愿者的我，要积极前往旺城西社区、中田社区、新城社区、府前社区开展相关防疫工作。"蔡健文接连来到社区出入口示范岗，协助社区干部参与对进出车辆人员登记、公共区域消毒、疫情知识普及、宣传标语粘贴、横幅悬挂、防疫卡点值守、分发疫情宣传单等工作。在和群众普及个人防护细节时，他总会耐心讲解如何正确佩戴口罩、怎样做好个人防护等。他活跃在群众中间，用群众听得懂的语言、以各种接地气的方式开展疫情防控宣传教育，加入基层抗疫队伍，来到社区、街道，不辞辛苦，早出晚归，坚守在疫情防控一线。点滴微光，可成星海。没有从天而降的英雄，只有挺身而出的凡人。疫情期间，最辛苦的就是基层工作者。无论是在城市，还是在乡村，坚守在抗疫一线的工作者们穿梭于居民楼里、守候在马路上，深入封控区、集中隔离点，核酸检测、维持秩序、检测消杀、运送物资、信息报送……他们用忙碌的身影守护着我们的家园，成为这片土地上最动人的风景，成为人民群众最坚强的依靠。"我不知道你是谁，但我知道你为了谁……"大义担当，无惧无畏。

正如习近平总书记指出的，广大志愿者的真诚奉献、不辞辛劳，为疫情防控做出了重大贡献。2021年6月14日当天，在得知隔离酒店急需人员时，蔡健文毫不犹豫地放弃端午假期，主动请缨参"战"，加入到隔离酒店的抗疫先锋队里，成为隔离点的志愿者，在保障自身安全的情况下，利用以往参与疫情防控工作的经验及接受多次专业培训后立即上岗。防疫隔离隔得住危险，但隔不了温情。为隔离人员送餐、送所需生活物资、清理隔离人员的日常医疗生活垃圾及收拾打扫隔离结束的人员房间已成为他的工作日常，每天身穿防护服，穿梭在各个楼层里，全身湿透也毫无怨言。"看着一批批隔离人员安全顺利离开，得到住客的支持与配合，觉得做这么多都是值得的。"蔡健文说。在做隔离酒店防疫工作时让蔡健文印象最深刻的是：因为疫情防控，他和客人几乎是无接触的，大部分的住客都特别配合支持他们的工作。偶尔还会收到住客的感谢信，当看到信的内容，点点滴滴的记忆涌上心头，一阵温暖，满是感动。

疫情就是命令，防控就是责任。有人说，当今社会，疫情像乌云笼罩了人们的生活。志愿者无疑是这个社会里独特的风景，他们拨开乌云，像阳光一样温暖人心。他们用爱融化冷漠的坚冰，让社会回归最原始的真善美。广州市白云区疫情来势凶猛，但他依然挺身而出，坚守在高风险区岗位的他，负责的是广州市白云区密接人员的隔离工作。在密接人员隔离期间，有几例确诊为阳性病例，但他依然凭借以往的抗疫经验，协助做好本职工作。随着广州疫情的不断好转，酒店送走了最后一批隔离人员，蔡健文也迎来了抗疫工作的尾声，准备结束隔离酒店抗疫工作。出人意料的是，广州再次出现疫情确诊病例，为广州白云机场工作人员。在收到通知需要继续参加抗疫工作的那一刻，蔡健文按照酒店的安排，第一时间与同事们分工合作，将约 300 间客房按照标准要求紧急整理出来，只为能尽快接密接人员入住。与时间赛跑，在那几天里蔡健文每天穿防护服工作时长达 11 小时。尽管如此，他从来没有后悔过自己的选择。

2022 年 5 月 4 日晚上 10 点，刚结束一整天工作的蔡健文在洗完澡出来时接到紧急通知，有一位新的客人入住，蔡健文毫不犹豫顶着还未吹干的头发再次穿上防护服上楼接待客人，安排指引入住，途中还给客人配送物资等。隔离期间，隔离人员有回族人，蔡健文还与同事们贴心询问客人并了解情况准备相应的回族餐食，还有一位老人家由于身体原因无法正常食用餐食，蔡健文也

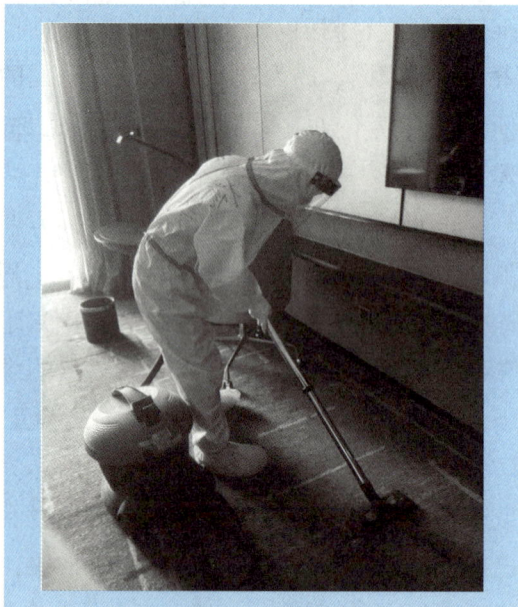

在隔离酒店提供服务

为他准备了相应的流食餐。事无巨细，事事关心。蔡健文就是这样，用爱和责任做好每一件事。

青春与收获

志愿服务没有年龄、性别、学历、职业之分，志愿者们从点滴入手，从一件件具体的事情做起，主动为社会、为他人提供力所能及的服务和帮助，做着看似平凡却有意义的事情。

面对疫情，面对危险，广大社区抗疫志愿者团结一心、凝心聚力，共同守护人民群众的生命安全和身体健康。这正是对"奉献、友爱、互助、进步"志愿精神内涵的生动践行，是理想信念、爱心善举、责任担当的充分彰显，他们共同展现的志愿精神，为抗击疫情汇聚了强大正能量，注入了必胜信心。

参加志愿服务活动，蔡健文得到很多欢乐与心灵的满足，这一切都是他宝贵的财富，是书本中不轻易学到的。在许多的志愿服务活动中，他体会到工作的成效取决于个人的进取心。进取地投入、热情地参与、耐心地引导、不厌其烦地解释说明，即使棘手的问题他也都能够迎刃而解。志愿者们互相学习、互相努力、共同付出、共同奉献，原本没有的经验，经过实践后经验也丰富了。所以志愿者既是奉献者，也是受益者。工作锻炼人的思维，更磨炼人的意志，使人更有能力、有信心去实现人生的价值，回报社会。

青春的榜样，是实干奋斗的榜样。新冠疫情期间，无数"90后""00后"虽面容稚嫩，却主动请缨，争先逆行；虽肩膀欠宽厚，却勇担重担，冲锋在前。"七一勋章"获得者黄文秀毕业后放弃大城市工作的机会，毅然决然选择回到家乡，在脱贫攻坚第一线奉献自我，用美好的青春谱写了新时代的青春之歌。戍边英雄陈祥榕写下了"清澈的爱，只为中国"，用血肉之躯捍卫了祖国的领土与主权，把生命和青春永远地留在了高原。青年榜样正以青春力量改变着社会和时代，在实干奋斗中实现自己的人生价值，为祖国建设添砖加瓦，为民族复兴铺路架桥。在从化区志愿组织中，蔡健文肩负重任，活跃在城乡的每一个角落。作为曾经的校青协会长，他始终做好本职工作，定期传达校团委指示，定期组织校青协志愿者进行志愿服务培训、志愿活动开展、优秀干部评选，在工作中做到志愿服务与学习两不误。他积极帮助同学和志愿者解决在学习和生活中所遇到的困难，成为老师、同学与志愿者们心中助人为乐的"文哥"。有人说，青春是人生的黄金时期，蔡健文的青春是学习与志愿同行的，作为一名志愿者，在助人的同时，也是自助。在使其他生命活出色彩的同时，蔡健文也能够从中得到思想上的升华，学会与人沟通，学会关爱他人，也更深刻地领会到生命的意义。

蔡健文秉承奉献、友爱、互助、进步的志愿服务精神，积极响应各级团组织的号召，弘扬雷锋精神，带动、组织参与志愿服务，传播正能量回馈社会。这些年的志愿活动让蔡健文变得更加沉稳，"目光远大的人应当树立好自己的每一个愿望，然后逐一实现它，而成为一名志愿者是我的愿望，我也正努力地去实现"。蔡健文作为新时代新征程中的一员，在弘扬中华民族美德中绽放美丽的青春。青年志愿者活动是微小的，因为它涉及的范围太有限；它又是伟大的，因为它在有限的范围中让老人露出了笑容，让老人感受到了社会的温暖与自身的价值。同时，它也培养了现代青年助人为乐、团结互助的高尚品德，彰显了青年的时代风貌和精神风貌。蔡健文将继续在志愿服务的过程中不断强化自我奉献意识和社会责任，坚守初心并在志愿服务中获得成长，立志成长为信念坚定、意志坚强的从化青年。

志愿者就是当代的雷锋，是徐徐升起的朝阳，是期望和爱心之光。奉献是爱心铸造的一道彩虹，带给人温馨和欢乐，也是连接的纽带，汇成心的桥梁，"哪里需要我，我就去哪里。"蔡健文说，从社区到驿站，再到隔离酒店……他将在更多地方播撒志愿者爱的种子，照亮他人。

青春奋斗，志愿服务
——社区青年志愿者黄艺桦①的故事

他说，他加入志愿者队伍不是为了鲜花和掌声，只是想要为社会奉献一点微薄的力量，希望这个世界充满阳光，希望爱的种子可以在他看得到的地方生根、发芽。

他就是黄艺桦，一名阳光开朗、乐于奉献的高三学子，也是一名从6岁开始就做志愿服务的资深志愿者。

一颗志愿的种子开始萌芽

社区志愿服务初体验

中国自古有句俗话："师傅领进门，修行靠个人。"黄艺桦成为志愿者的成长历程也似乎如此。黄艺桦志愿服务之路的启蒙导师是他的奶奶。自6岁起，他就跟着奶奶参加了几次施粥、派饭的活动。那时的他，只觉得这是一件"挺好玩"的事情。可随着年龄的增长，随着参加志愿服务活动次数的增加，他萌生了许多感想。用自己的空余时间做点有意义的事情，或者为身边某些弱势群体出一分力、尽一份心，为他们谋幸福，是他所坚定的理想。

---

① 黄艺桦，广州市海珠区青年志愿者协会骨干，志愿服务时数近2500小时，从6岁开始接触志愿服务，到目前为止已经14年，曾荣获"广州市海珠区十大杰出青年志愿者"、"2022年度广州市最美志愿者"等荣誉称号。

志愿驿站天地广

刚上初一的时候，他得知海珠区广百新一城志愿驿站正在招募志愿者，这正好给了他一个实现理想的机会，毅然选择了加入。在这一年里，他不断地累积经验，通过站长的指导以及各位资深志愿者的帮助，他了解到更多有关于志愿服务活动筹备、组织、开展的知识，也丰富了他的生活阅历。

上了初二，他已经习惯了初中的学习生活，学习成绩在班里面也名列前茅，于是他想利用空余时间去参加志愿服务活动，帮助他人。每逢周一至周五的课后时间，黄艺桦都会给一些小学生辅导功课。而到了周六、周日，他还会参与驿站开展的"海珠志爱餐"，送爱心午餐给社区的独居长者，并陪同他们聊聊天。黄艺桦感觉自己既是他们的倾听者，也是他们的好朋友，他会和长者一起讨论梦想，一起讨论生活，在这个过程中独居长者与志愿者们形成了一个纽带，这个纽带传递着快乐。而在黄艺桦心中，志愿服务沃土早已埋下的这颗爱的种子也逐渐生根、发芽。

在某些独处的时光中，他总会想起第一次穿上志愿者服装的时候，心中有一种难以言明的感觉，有点兴奋与期待，又有点胆怯。在他的脑海中有许许多多的想法：志愿者是要做什么的？要唱歌还是跳舞？直到他的奶奶跟他说："志愿者要保持一颗服务大众的心，心中常常要怀有百姓。"当穿上属于志愿者的服装时，他总会默默地暗示自己：衣服在身，代表了广州城的精气神，我不能丢脸！每当他在参加志愿服务活动时，人们穿越在车水马龙的道路上，他的眼睛不停地环视四周的路人，不时与行人对上了目光。从他们的眼神，黄艺桦可以看出他们在注视着自己，觉得荣幸的同时亦觉得这件衣服很沉重。衣服的绿白色给人一种生机勃勃、可以信任、能够依靠的感觉，胸口上显赫地印着"海珠志愿者"，更是身份的象征。

探访独居长者，不忘初心

每一次黄艺桦去探访独居长者时，看到爷爷奶奶和谐亲切的笑容，还有他们竖起大拇指的那一刻，他的心里就像被灌满了蜜，感到无比的骄傲与自豪。

爷爷奶奶说："你虽然是个小青年，可却是个大好人。经常来探望我们，帮助大家，你真好！"在黄艺桦的志愿服务生涯里他常常能听到这样的话语，这也是他坚持公益事业的动力之一。当他在志愿服务过程中遇到挫折、萌生放弃的念头时，一想到爷爷奶奶的这些话，他又浑身充满了干劲。也许有很多人不清楚志愿者的职责，也许有部分人不理解志愿者的工作，总觉得志愿者打乱了他们的日常生活。但黄艺桦说："一个城市的志愿者也代表了一个城市的风貌，我们的热情与包容就是广州这座城市的缩影，也是最美丽的明信片。有人觉得我们的任何付出是理所当然的，也许还会责备我们的所作所为。但我不会因此退缩，我要用我的言行慢慢让他们认识我们，理解我们。正因为外界的声音让我更能正确地认识自己，看到自己的缺点，才有助于我更好地完善自己，也锻炼了我的抗压能力，这些阅历为我组建一支属于自己的服务队迈前了一步。正所谓'利己为人，助人自助'，这是我们的宗旨。"

每当探访活动快要结束时，黄艺桦总有些不舍，不禁感叹：怎么一个小时这么快就过去了！转身与爷爷奶奶道别，他们饱含深情的眼神让黄艺桦为之动容，那是多么渴望志愿者们不要离开，盼望着下一次的相聚。每次服务回来，黄艺桦总会在志愿服务日志里写下当天的感受，回忆那一个个动人的瞬间。"一个人的名字会被记多久，我不在乎。但我只在乎一个叫志愿者的名字，我希望我这个志愿者能尽我所能去帮助别人，贡献社会。"

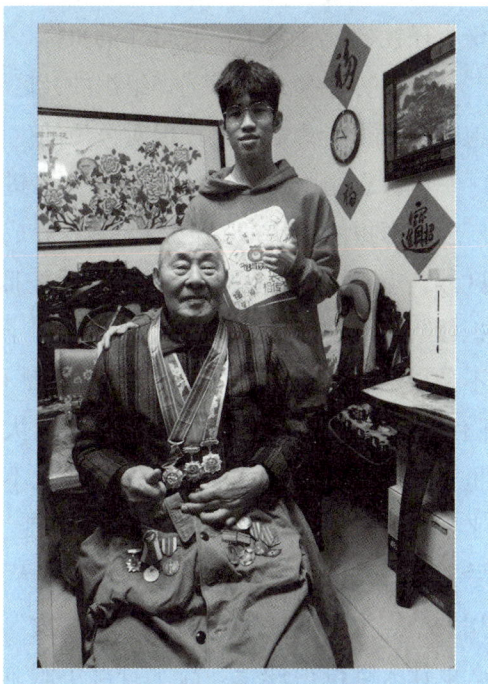

探访抗美援朝老兵

不知道从什么时候开始，他渴望用他的微小举动去带动身边的人，搀扶长者过马路、随手拾起地上的垃圾扔到垃圾桶，等等。他希望有一天，在人来人往的大街上，处处都能看到青年志愿者的身影，不论他们身穿什么颜色的衣服，是否拥有志愿者的证件。因为志愿者不是挂在嘴上的，而是放在心里用行动证明的，没有值不值得，只有不计回报的付出才是最美丽的。

在志愿服务中淬炼自我

清风不止，马不停蹄。黄艺桦一直在参加各类志愿服务活动的路上。起初，参加志愿服务活动只是因为想多做一些有意义的事情去丰富自己的生活。但是渐渐地，黄艺桦发现自己之所以能够坚持不懈，不仅是因为兴趣，更是因为一份责任。正是这一份责任推动着他前进，也是这一份责任让他今后多了一些奋斗的目标。

记得有一次，由黄艺桦组织的社区清理"牛皮癣"志愿服务活动中，他收获了很多感悟，也让他对今后的生活更为憧憬。

这次志愿服务活动主要是对社区进行墙面清理，把街道随意张贴的广告及海报清理干净。他把志愿者分成了不同的小队，分配好了队长和区域，志愿者只要跟着队长，然后按照队长的安排进行分工合作即可。担任队长的黄艺桦在这个过程中发现了一些问题。首先是该社区的管理不是很严格，"牛皮癣"层层叠加在墙面上；其次是社区周边商铺较多，随意张贴的情况更是随处可见，这大大地增加了他们的工作量。小分队里有些志愿者，个子不太高，力量也不够，够不着的地方都需要黄艺桦来帮忙。看似简单的清理工作，处理起来也不容易。"牛皮癣"都贴得很紧，用水淋，用刷子刷，好不容易才弄下一块，而且多是老房子的墙面，用大一点力都能把房子刨出一层"皮"来，这来来回回淋淋刷刷，没多久就让人觉得很疲惫。汗水打湿了眼眶，衣服湿了又干，甚是辛苦，但当他们完成了任务之后，看到洁白的墙面，顿时觉得一切的付出都是值得的。这让黄艺桦感受到了一个人的力量是微弱的，独行者快，众行者远。有了一份责任感，不管多么不堪的环境都可以得到改善。若每个人都能多点爱护环境，那将是一件更美好的事。

志愿服务活动从来就是一件辛苦的工作，没有任何的回报，凭的是一份热情和责任。很多人坚持了一段时间之后就没有再继续下去了，这一点黄艺桦非常理解。因为他自己在这条路上也经历了很多，他体会过那种坚持不下去的感觉，他也知道如果没有坚强的决心，是很容易就被击垮的。但是黄艺桦的热情没有被时间消磨，没有被困难所打败，即使遇到难题，他还是努力解决它，并且持之以恒。这一点也是他对自己最满意的地方。

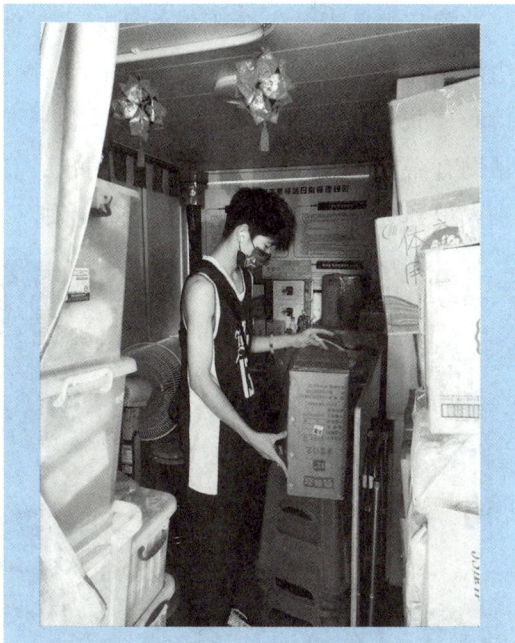

帮助驿站购买扶贫物资

他对自己是一名志愿者感到很骄傲，他希望能够通过自己的努力，让未来的环境更美、地球更美。

撒播的种子结出美的果实

从初一到高一，变的是年纪，不变的是志愿者的身份。黄艺桦在读高一时，依然积极参与学校的各项活动。经过学校的重重选拔，他成功担任学生会主席。能够被选上是一种肯定，更是信任，这代表了老师和同学对他的工作能力以及工作态度的肯定。由于他丰富的志愿者经历，他在学生会的各项活动开展得也相当顺利，他因此感到光荣与自豪。

我们都是一家人

黄艺桦负责学生会工作一年以来，他带领志同道合的小伙伴，一起组建了"紧握你手，关爱邻里"的青年志愿者队伍。青年志愿者队伍秉持着"我们是一家人"的理念，大家拧成一股绳，一起努力奋斗，一起帮助有需要的人。志愿者们学会付出，让别人得到温暖；学会宽容，让别人得到更多的机会；学会给予，让别人收到更多的甜果。

走进社区宣传防疫举措

在工作的过程中，黄艺桦心中最大的感触就是，热心帮助别人的感觉真好！即使有时会累，但是看到别人脸上洋溢的笑容就觉得很值得。用自己飞扬的青春、活力来感染和帮助别人，他总觉得这样很光荣，他坚信还会有更多的人加入他们志愿者的队伍，和他们一样开心地笑，一样用自己的时间去帮助他人。社会也需要志愿服务来涵养社会主义核心价值观。一朵云推动另一朵云，一棵树摇动另一棵树，他相信当人们看到具有奉献精神、服务主动热情、一切言行于公心的志愿者时，也会投身于志愿服务的行列中来。

一颗红心永相随

作为一名高中生兼志愿者，他肩负着的不仅仅是一名普通高中学生的职责，还是一名志愿者的职责，更是作为学生会主席肩负着组织协调志愿者的职责。

在学生会的这一年，他也曾面临学习与志愿服务冲突的情况。记得有一次突如其来的志愿服务活动，需要招募大量的志愿者，但第二天早上黄艺桦就要考试了。刚接到任务的时候，黄艺桦陷入了深深的焦虑，不知该如何处置才好。但冷静下来分析："考试早已准备好，而这项志愿服务活动如此着急并需要人，我不上，谁上？"这种情况常有发生。在这两年的时间里，他努力协调工作与学习的关系，两者兼顾。更重要的是，他明白了志愿服务的意义。作为一名志愿者，应当明白做的都是公益活动，价值是不能用金钱来衡量的，是一笔无形的精神财富。黄艺桦用心做志愿服务，发扬无私奉献精神，也期待这精神像阳光一样洒满社会各个角落。

毕淑敏曾说："也许我很重要，因为在那些最需要帮助的人身上又燃起了希望之火；也许我一点也不重要，因为我只是一名普通的学生。"黄艺桦说："作为志愿者，尤其是青年志愿者，在开展服务中难免有失败痛楚的时候，而这需要做的是整理好心情，端正态度。只要一向坚持着良好的态度，坚持努力不放弃，我们终会成长，变得稳重，直至成为一颗耀眼的星星。"黄艺桦希望有更多的人加入到青年志愿者队伍中，给人以星火者，必怀火炬。他相信，只要人人都献出一点爱，世界将变得更加美好。不论时间怎样改变，助人为乐的传统美德没有变。不论人们怎样变，爱心没有变。时间在前进，志愿者们的精神，也在前进！

化作传递志愿精神的火炬

黄艺桦的团队从一开始的两三个人发展到现在的100多人，志愿服务影响力不断在扩大。在刚开始的时候，他与他的奶奶以及几位资深志愿者和站长在地铁站的附近给流浪者送温暖。那个时候团队只有几个志愿者，几乎没有人知道他们这个活动。他也曾经思考过这个问题，是不是这个活动没有亮点，不能引起更多志愿者的关注。转折起源于一次偶然，他在"i志愿"平台上发布了他们的活动，本来只是抱着试一试的态度，但发布了几分钟后就有人给他发私信想要加入他们的活动，这也让他看到了希望，并不是所有的努力都是无用功的，是因为坚持了才看到希望，而不是看到了希望才坚持。后来每一次活动前他都会在平台上发布，越来越多的人了解到他的活动，让他有了更强的动力去经营这个项目。

当团队人数逐渐增加，他明白仅仅这一个活动已经不能满足大家的热情。于是，他开始了另一个活动的筹备。这个活动主要关注的是一些退伍军人、独居老人等群体。一开始他们苦于找不到开展服务的途径，在一筹莫展的时候，刚好居委会找到黄艺桦团队，表示想开展一个探访独居老人的活动，帮老人做一些力所能及的事情，这跟黄艺桦的想法一致，双方一拍即合。后来居委会跟黄

获得优秀志愿者并进行分享

艺桦说，是在平台上看到了有这样一支志愿队才主动联系的，在他们的附近有这样一群热爱公益、关心百姓的队伍，是一件幸运的事情。而黄艺桦认为，这就是志愿者的意义，志愿服务工作不仅仅在于帮助别人，更在于把志愿服务精神传递下去。他相信思想观念都是潜移默化的，只要有人坚持去做，总会感染到身边的某些人。他们的加入，让黄艺桦看到了坚持的意义，这也是对他最大的认可。志愿队伍的不断扩大，影响力与日俱增，这给黄艺桦热爱公益的心打上了一剂强心针，他相信在不久的将来，会有一批又一批的青年人，加入到这个行列中来，造就属于自己的一番天地。

志愿服务让我成为一个幸福的人

很多人都会想，幸福是什么呢？其实每个人的幸福内容也许不一样，但是通往幸福的路径都是一样的。只要你珍惜眼前，只要你注意了别人没有注意到的镜头，那你已经获得属于自己的幸福。幸福其实在生活中处处可见，只是缺乏了一双善于发现的眼睛。幸福是内心的一种感觉，相信自己是幸福的，珍惜自己所拥有的；不羡慕那些已经无法追逐或者注定要失去的，珍惜此刻的，知道世间万事万物都是可能给你带来快乐的。而黄艺桦的幸福很简单，那就是做一名志愿者，做一名能对社会有用的人，做一个发光发热影响他人的人。

做志愿服务是幸福的，每当他看到服务对象给予他一个微笑，听到服务对象给他道一声"谢谢"，他是那样的开心、幸福，因为他得到了他人的认可，他所做的一切努力都没有白费。这种认可给予了他莫大的鼓励，也是他坚持的动力！

从6岁时被奶奶带着做志愿服务活动，到自己主动参加志愿服务活动，再到今天组建了自己的志愿服务小队。点点滴滴，都是黄艺桦进步的脚印，也是他在志愿服务路上不断探索、提升的足迹。

志愿服务活动让黄艺华感到幸福、快乐。在一次志愿服务分享会上，他说："要做好一名志愿者不难，但要做一名优秀的志愿者没那么简单。首先他们要对志愿服务有深刻的理解；其次要时时处处践行志愿精神；第三要不断学习志愿服务的知识、方法和技能；第四能够将志愿服务融入个人的生活中，体验健康、成长、快乐、美丽、成就等价值追求。"黄艺桦认为作为一名平凡而又普通的志愿者需要学习的东西还很多很多，这种学习并非止于唇齿的纸上谈兵，而是贯穿人生的丰饶力量，要真真正正去了解这个志愿服务，认识它的内涵，体会它的价值，感悟它的馈赠。

同时，做志愿服务也有益处，首先是对自我价值的激励。志愿者在参与志愿服务过程中，重新发现自己的价值和作用，从而推动自我评价的改变。然后是对自我能力的提升，通过参与志愿服务，提高交际能力、应对矛盾和解决问题的能力以及提高非正式团体领袖能力等。最后是自我快乐的获得。学会在志愿服务中寻找快乐，或者善于将忧愁情绪转化，获得快乐的体验。这些都是参与志愿服务给黄艺桦带来的巨大的精神财富。

广州市海珠区青年志愿者协会颁发2023年度优秀志愿者奖状

是的！做志愿者是幸福的，在服务的过程中能锻炼自身的能力，提高个人素质。做一名志愿者，不需要成绩优秀，不需要美丽的相貌，只要你有一颗爱心和一颗责任心，你就可以成为其中的一员，和志愿者们共同进步。

路漫漫其修远兮

组建志愿者团队这一年多来，黄艺桦一直为自己团队中有志同道合的兄弟姐妹由衷地感到开心。他一直觉得一个人愿意花费宝贵的个人时间来奉献给社会，说明这个人并不在乎所谓的功名利禄，仅是为了心中的一份责任。每个人的出发点虽然不太一样，但是能坚持就是最棒的。或许在有些人眼里觉得志愿者是傻瓜做的事情，但在黄艺桦的眼里它就是一份神圣的职责，是一份责任感。

志愿者的管理其实是一门科学。现实的情况也不一定和想象的那样单纯。在这个大千世界里，有形形色色的人，有部分的志愿者是来凑热闹的，甚至有些人是带着各种各样的目的来的。但是他一直觉得不管是带着什么目的加入进来，只要做的事情是对志愿服务事业有帮助，可以帮助到需要帮助的人，不对志愿工作大方向有影响，就应该学会包容。

黄艺桦认为，目前迫切需要对志愿服务进行规范。现在志愿者团队可以说是层出不穷，很多时候，穿上一件写有志愿者字样的衣服，挂上一个牌子就说自己是志愿者；扯起一个旗帜就称自己是一个团队。很多自称为团队的，其实就那么一两个人。这样的发展趋势对将来志愿者工作其实是很不利的。少数不规范的志愿者的行为，也在一定程度上给志愿者工作带来了负面的影响。只有进一步规范化管理，将来才可以真正实现志愿专业化的发展目标。因此，黄艺桦用他的实际行动探讨如何促进志愿者的发展。首先，探讨和总结什么是真正的志愿服务精神和文化，人们到底为什么要来做志愿者。其次，探讨完善志愿者培训和考评认可机制，设计切实可行的志愿者培训课程，让每一个初入志愿队列的人，可以明确地知道自己该做什么，可以做什么，怎么去做。

在多年的志愿服务历程中，黄艺桦不断探索，明白志愿服务不仅可以帮助他人，还可以升华自己的精神境界。青春之路漫漫亦灿灿，黄艺桦正用爱心书写着属于自己的奋斗篇章。

后　记

　　青春孕育无限希望，青春创造美好明天。历时近一年，《闪光的青春——记服务青少年的青年志愿者》一书终于即将面世，该书凝聚了诸多青年志愿者和志愿服务工作者的心血，让我们读到了一个个感动人心却又激人奋进的青春故事。书中，有"以伴同行"的青年公益人，有以志愿服务点亮青年心灯的"火山哥"，有奔赴边疆的"援藏医生""支教大学生"，有用"一封信""一根电话线"牵系广大青少年心灵的青年志愿者，还有奔赴山海之间、服务社区之中的一个个青春身影……

　　采写服务青少年的青年志愿服务事迹是一项任务艰巨却又让人甘之如饴的工作。得益于所有为该项工作付出辛勤劳动的作者团队、编辑团队、出版团队的执着奉献，亦得益于广东省志愿者行动指导中心（广东省希望工程服务中心）、广东省志愿者联合会、广州市文明办、广州市志愿者行动指导中心、广州市志愿服务发展中心等单位对该项工作的鼎力支持，使本项目得以在广东高等教育出版社正式出版。谨对对编写提出专家意见的丛书顾问广东省志愿者联合会会长顾作义、全程参与采写工作的大学生志愿者——广州大学行政管理专业2021级本科生马碧君表达谢意，同时对接受采访的服务青少年的青年志愿者、给予修改意见的专家们、关注本项工作的合作机构以及广大读者致以诚挚感谢！

　　青年朝气干劲足，志愿服务正当时。2023年是全面贯彻落实党的二十大精神的开局之年，也是中国青年志愿者行动发起实施30周年。我们深信，在党中央领导下，我国青年志愿服务事业必将实现高质量发展，全社会必将掀起一股强劲的志愿之风，绽放出朵朵绚丽的文明之花！

编　者

2023 年 10 月